KB034441

우리가 사랑한 부전도서관

우리가 사랑한 부전도서관

이양숙 지음

부전도서관 휴관 전말,
여기에 부산시립도서관이 있었네

해피북미디어

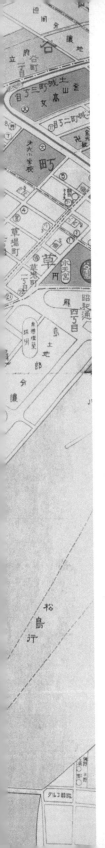

차례

서장

1

부전도서관의 개요

　흥미롭게도 부산의 국공립공공도서관에는 '부산도서관'이라는 도서관명이 네 번 나타난다. 첫 번째는 1901년 일본홍도회 부산지회에서 도서실을 개설하였다가 1903년 명칭을 변경한 '부산도서관', 두 번째는 1978년 부산시교육청에서 운영한 '부산시립 부산도서관', 세 번째는 그로부터 42년이 지난 2020년 부산시에서 신축하여 운영하는 부산의 대표도서관 '부산도서관'이 있다. 네 번째는 2022년, 70년 만에 부산에서 다시 '국회부산도서관'이 신축 개관하여 모두 네 번의 '부산도서관'이 등장한 것이다.

　물론 정히 '부산도서관'인 것만은 아니다. 1903년과 2020년의 부산도서관은 동일한 관명이지만 시대와 장소가 완전히 다른 도서관이며, 부산시립 부산도서관과 국회부산도서관은 앞머리가 다르기는 하다. 또한 이들은 모두 각각 다른 도서관이며, 운영 주체도 다르다.

그런데 1978년 부산시립 부산도서관은 부산광역시립 시민도서관의 이전 명인 동시에 현재 부산광역시립 부전도서관이 위치하고 있는 동일한 건물에 있었던 부산시립도서관이기도 하다. 같은 맥락에서 부전도서관과 부전도서관 건물은 실제로 그 역사가 다르다.

부전도서관은 현재 부산광역시 부산진구 동천로 79(부전동 서면)에 위치하고 있으며, 대지면적은 4,112.1m²(1,246평)이다. 토지는 부산진구청이, 건물은 부산시가 소유하고 있으며, 부산시교육청에서 도서관을 운영하고 있다. 용도지역은 일반상업지역 방화지구이다.

부전도서관은 현재 자리에 건립된 지도 60년이 지났고, 부전도서관 재개발 이야기가 나온 지도 어언 17년이 되었다. 부산시립 시민도서관이 탄생하면서 부산시립도서관이 부전도서관이 되고 부산시립도서관으로서의 업무와 기능, 역할이 시민도서관으로 이관되었다. 게다가 재개발 때문에 내부 리모델링도 못 하고 있다가 2021년 4월 29일에서야 비로소 화장실 리모델링을 해서 22일간 임시 휴관한다는 공고[1]가 붙어 있는 것을 보았다.

부전도서관은 부산광역시립 부전도서관이다. 그러나 한마디로 정의하기에는 조금은 복잡한 역사를 품고 있으며, 현재 부전도서관 건물은 오롯이 공공도서관으로 신축 개관하여 우리나라에서 현존하는 가장 오래된 공공도서관 건축물이다. 부산시가 직할시로 승격한 1963년 첫 사업으로 도서관 목적용 공공건물을 건립하게 된 것으로, 부산 1세대 건축가[2]에 의해 순수 모더니즘 건축양식으로 만들어졌으며 당시의 공공도서관 양식을 그대로 보존하고 있다.

1963년 8월 5일 '부산시립도서관'으로 신축 개관하였는데, 1978
년에는 부산시교육청에서 운영하는 '부산시립 부산도서관'으로 관
명이 변경되었고, 1978년 구덕도서관과 반송도서관이 개관될 때까
지 부산에서는 유일한 공공도서관이었다.

이후 1982년 '부산직할시립 시민도서관'으로 관명을 변경하였
고 1982년 8월 7일 초읍동으로 신축 개관하였다. 동시에 같은 자
리에서 부산직할시립부전도서관으로 탄생하였고, 1995년 1월 1일
부산광역시립부전도서관으로 관명이 변경되어 현재까지 유지되고
있다.

1901년에서 1995년까지 부산광역시립시민도서관과 부산광역시
립부전도서관의 상관관계와 도서관명 변경을 2개 도서관의 연혁을
통하여 살펴보면 다음과 같다.

〈표 1〉에서 보는 바와 같이 1962년 9월 1일에서 1982년 4월 8일
까지 20년 동안 위 2개의 도서관은 동일한 장소에 위치하고 있고
동일한 역사와 도서관명을 사용하고 있지만, 시민도서관은 1901
년부터 비롯된 우리나라 근대 공공도서관의 120여 년 역사를 품고
있다.

반면에 부전도서관은 1963년 도서관을 신축하여 개관한 이후부
터의 역사를 안고 있으며, 비록 부산 서면의 중심가 금싸라기땅에
위치하고 있지만 건물이 노후되어 2018년 공공개발을 하기로 결단
했다. 하지만 2022년 8월 정밀안전진단 E등급을 받아 현재 휴관 중

〈표1〉부산광역시립 시민도서관과 부전도서관의 상관관계(1901~1995년)

연도	부산광역시립시민도서관	부산광역시립부전도서관
1901년 10월 10일	홍도도서실 개실	
1903년	부산도서관으로 변경	
1919년 4월	부산부립도서관으로 변경	
1949년 8월 15일	부산시립도서관으로 변경	
1962년 9월 1일	부전동 부산시립도서관 착공	부전동 부산시립도서관 착공
1963년 7월 22일	부전동 신축 도서관으로 이전	부전동 신축 도서관으로 이전
1963년 8월 5일	부산시립도서관 신축 개관	부산시립도서관 신축 개관
1978년 1월 6일	부산시립부산도서관으로 변경	부산시립부산도서관으로 변경
1981년 4월 4일	부산직할시립부산도서관으로 변경	부산직할시립부산도서관으로 변경
1982년 4월 8일	부산직할시립시민도서관으로 변경	부산직할시립시민도서관으로 변경
1982년 8월 17일	부산진구 초읍동으로 신축 개관	
1982년 8월 17일		부산직할시립부전도서관 개관
1995년 1월 1일		부산광역시립부전도서관으로 변경
1995년 1월 1일	부산광역시립시민도서관으로 변경	

이다.

금싸라기땅은 부산진구청이 소유주다. 무너지기 일보 직전인 건물은 부산시청이 소유주다. 부전도서관 운영은 부산시교육청이 한다. 그런데 그 맞은편에 있는 놀이마루는 오롯이 부산시교육청 소관이다.

2023년 부산시는 부전도서관 바로 앞의 놀이마루를 포함하여 공공개발을 위한 연구용역을 진행하였다. 그런데 하필이면 이 놀이마루는 부산시교육청이 소유주이자 운영자로서 2023년 1월 부산시교육청을 이곳으로 이전할 계획을 발표하였다.

이 상황에서 부산시는 매우 난감한 지경이 되었고, 부산시교육청이 놀이마루로 신축 이전하려는 계획은 시민들의 반대에 부딪히면서 잠시 소강상태에 들어갔다. 때를 같이하여 부산시는 교육청 신축부지로 놀이마루와 부산시청 주변의 주차장 부지를 맞교환할 것을 제안하였고, 거의 성사 단계이다. 그러나 교육청에서 완전히 수락한 것은 아니고 고려 중이다.

드디어 2023년 11월 30일 「부전도서관 공공개발 방안 마련을 위한 시민토론회 및 용역 최종보고회」가 개최되었다. 관계기관 및 시민단체, 시민 등이 참석하였으며 전문가와 시민 토론이 있었다. 애초에 연구 공모를 할 때만 해도 주제는 "부전도서관과 주변을 아울러 공공 개발하는 연구용역"이었다. 그러나 정작 보고회에서는 딱 부전도서관에 대한 연구용역만이 이루어졌다고 보고되었다. 놀이마루와 부산시청 주차장과의 맞교환이 불확실해지면서 반쪽짜리 연구 결과가 나온 것이다.

이렇게 부전도서관을 둘러싸고 더할 나위 없는 복마전이 벌어지고 있다. 더군다나 부전도서관은 세 개의 다리로 버티고 있는 모양이 위태하기 짝이 없다. 그래서 나는 부산시민이 나머지 한 개의 다리가 되어 네 개의 다리로 굳건히 받쳐주기를 소망한다.

부전도서관은 현재 부산에서 청년들 활동의 가장 중심 거리인 서면에서, 2017년 뉴욕타임스가 올해 가봐야 할 곳 48위로 선정한 전포 카페거리의 중심에서, 이렇게 입지가 좋은 시내 한복판에서 눈살을 찌푸리게 하는 모습으로 부산시민들의 안타까워하는 뭇시선을 받고 있다. 이것이 부전도서관의 현 모습이다.

2

한국도서관사연구회와
부전도서관 탐방 계획

대학을 졸업하고 대학도서관에서만 36년을 근무하였다. 정년퇴직을 3년 정도 남겨 두고 제주도에 출장을 갔을 때다. 애월 바닷가에 앉아 하염없이 바다만 바라보는데, 부산에서 늘 보는 바다와는 또 다른 느낌이었다. 부산 바닷가가 내 집 앞바다처럼 편안했다면 제주 바다는 그야말로 망망대해였다. 섬에 사는 사람들은 바다에 갇혀 있다는 느낌을 받기도 한다는 말이 떠올랐다. 바다 한가운데 나 혼자 있는 느낌이 들면서 마치 퇴직 후의 나를 보는 듯했다. 울타리도 기댈 곳도 없이 오롯이 혼자만 덩그러니 남겨진 나를 보고 있었다.

만감이 교차하면서 '퇴직하면 뭐 하지. 어떡하지' 이런저런 생각을 하다가 마치 대단한 인생 설계를 하는 것처럼 자기계발 5개년 계획을 세웠다. 우선 정말 열심히 성실하게 최선을 다한 나에게 고맙고 대견하다는 '참 잘했어요 상'을 주고 싶었다. 내가 받고 싶은 상은 비록 36년간의 대학도서관 생활을 끝내고, 60년 한 갑자가 끝났지만, 이제부터는 새로운 시작이라는 마음으로 그 60년을 거울삼아 하는 새 출발이다. 그 시작은 미국의 대학도서관에서 근무를 하는 것이었다. 말로만 듣고 책으로만 보던 미국의 대학도서관을 직접 경험해보고 싶다는 갈망이 있었던 것 같다. 그래서 담당 부서와 상담했고, 2년 뒤 재직하던 대학과 자매결연을 맺고 있는 캘리포니아의 새크라멘토대학(CSUS: California State Sacramento University) 도서관에서 1년 동안 머물면서 하는 연구 활동을 허가받았다. 그렇게 미국의 대학도서관에서 업무를 보조하면서 연구 활동을 할 수 있게 되었다.

1년 뒤 한국으로 돌아오자 부산의 한 대학 문헌정보학과에서 초빙교수 제의가 있었고 감사히 받아들였다. 한때는 교수가 되기 위해 박사학위까지 취득하였지만 약간의 엇갈림으로 교수직을 포기할 수밖에 없는 상황이었는데, 나로서는 정말 뜻깊고도 고마운 일이었다.

하지만 4년 뒤에는 정년퇴직을 해야 하기 때문에 정년 후의 생활에 대해 여전히 고민이 많았고, 사람들과 이런저런 이야기도 나누면서 여기저기 기웃거리며 영감을 받으려고 하였다. 그러던 중에 도메리(도서관메일링리스트)[3]에서 눈에 확 띄는 게시물을 보게 되었다. 한국도서관사연구회가 발족 준비를 하면서 회원을 모집한다는 안내를 접하게 된 것이다.

한국도서관사연구회는 "도서관 역사를 우리 모두의 기억으로 만

드는, 도서관의 역사를 찾아 함께 떠나는, 도서관 역사에서 미래의 희망을 찾는 한국도서관사연구회"라는 슬로건을 내걸고 우리 도서관이 걸어온 역사를 체계적으로 정리하며, 정체성 확립을 위한 연구를 통해 도서관 발전에 기여하자는 취지로 도서관 현장 사서와 연구자, 도서관 이용자가 모여 2020년 2월 22일 창립하였다. 한국도서관사연구회가 하는 일은 다음과 같다.

- **공부하고**

조사 연구 : 개항 이후 근현대 우리나라 국가와 지역별 도서관의 숨은 역사, 도서관사에 족적을 남긴 인물을 발굴하기 위한 조사와 연구를 수행합니다.

- **함께 걷고**

역사 탐방 : 과거 도서관 역사의 흔적을 찾아 함께 걷고 이야기하며 나누는 역사 탐방을 떠납니다.

- **나누며**

독서회 : 전국 각지의 회원들이 온라인으로 모여 매달 도서관 및 인쇄 · 출판 등 유관 분야의 책을 읽거나 도서관에 얽힌 개인의 과거 경험을 자유롭게 이야기합니다.

- **도서관의 역사를 만들어 갑니다.**

세미나 : 도서관과 관련한 역사와 인물 등에 관한 연구 성과를 발표하고 토론합니다.

하필이면 코로나19가 창궐하던 시기에 발족하는 바람에 현장 활동은 다소 부진하였으나 그동안의 활동을 보면 회원들이 얼마나 노력하였는지를 알 수 있다.

'공부하고'는 "도서관사 어떻게 쓸 것인가?"라는 주제로 세미나를 개최하였고, 부산대학교 문헌정보학과와 공동 주최하여 "엄대섭 탄생 100주년 기념 세미나"를 개최하였으며, 제58회 전국도서관대회에서는 "엄대섭 선생 탄생 100주년 기념 북토크"를 열었다. 또한 제59회 전국도서관대회에서 "마산·창원 지역 도서관 역사와 의의"라는 주제로 세미나를 개최하였으며, 부산대학교 문정포럼에서 "고 김정근 교수 1주기 추모 세미나"를 공동 주최하였다.

황면 등이 함께한 『일제강점기 도서관 간행물 목차집』(2020), 정선애의 『지금 쓰지 않으면 잊혀질 이야기: 엄대섭과 〈대한도서관연구회〉를 추억한다』(2021)와 『도서관운동가 엄대섭의 발자취를 찾아서: 경주도서관 이야기』(2022), 송승섭, 조혜린, 권상수의 『국립중앙도서관 사서부 일지: 1948년(단기 4281)』(2021), 송승섭의 『한국 근대도서관 100년의 여정: 우리나라 근대 공공도서관의 발자취를 찾아서』(2023), 조용완, 우윤희의 『대구 도서관 역사: 조선시대에서 일제강점기까지』(2024) 등의 연구 결과물을 출판하였다.

또한 연구회 회원들이 『서울특별시교육청종로도서관 100년사』(2022) 출판에 참여하였고, 〈내일신문〉과 『도서관 역사탐구-우리나라 도서관 역사를 찾아서』를 공동 기획하여 총 6회를 연재하였으며, 한국도서관협회 『도서관문화』에 "우리 도서관의 역사를 찾아서"라는 주제로 총 12회를 연재하였다.

'함께 걷고'는 창립총회를 하는 날 서울 시내 도서관 역사 탐방을 함께 하였고, 이후 서울대 도서관을 탐방하였으며, 「응암도서관 길 위의 인문학: "도서관의 역사 여행과 만나다"」를 운영할 때 강연과 영상 탐방을 함께하였다. 「독서기행: 부전도서관 발자취 찾아서」를 기획하여 탐방하고 영상을 제작하여 공개하였으며, 〈창원지역 도서관 역사를 찾아서〉라는 영상을 제작하여 공개하였다. 마산도서관과 시의 거리 등 마산지역 도서관을 탐방하였고, 2022년 송년회를 계기로는 남산도서관 개관 100주년을 맞이하여 견학과 탐방을 겸하였으며, 2023년에는 경주시 도서관 역사 탐방을 하였고 회원 워크숍 행사로 대전 지역 도서관을 탐방하였다. 2023년 제주에서 개최된 제60회 전국도서관대회 세미나에서는 우리나라 근대 도서관 100년의 여정을 살펴보고, 도서관계를 향해 자기 역사 쓰기와 관련한 여러 사항을 제안하였다.

'나누며'에서는 "조선총독부도서관 사진 시연회"를 하였으며, 2021년 독서회를 시작하여 "엄대섭 평전 읽기"를 시작으로 매월 1회 온라인으로 모여 독서 토론과 더불어 도서관에 얽힌 개인의 과거 경험을 자유롭게 이야기하였다. 연구회가 확보한 1931년부터 1961년까지의 조선총독부도서관과 국립중앙도서관 공문서를 국립중앙도서관에 기증하였다. 〈도서관운동가 엄대섭 탄생 100주년 기념 전시회〉를 준비하여 여러 도서관에서 순회 전시를 하였다.

'도서관의 역사를 만들어 갑니다'는 세미나 등을 통하여 도서관과 관련한 역사와 인물 등에 관한 연구 성과를 발표하고 토론하였다.

그 밖에 부설출판사 '도연문고'를 설립하였으며, 송승섭 회장이 〈내일신문〉과 인터뷰를 하였고, 「부전도서관 원형보존 촉구 성명서」를 발표하면서 부산시청, 부산시교육청, 부산진구청에도 각각 공문을 발송하여 우리나라 도서관 역사를 연구하고 발굴하여 바로 세우기 위해 힘을 보태었다. 2023년에 들어와 도서관이 소장한 특정 장서에 대한 사회적 압력과 부당한 검열 행위가 확산되었는데, 이에 7월 31일 한국도서관계가 '도서관에 대한 일체의 검열 반대와 지적 자유 수호를 위한 성명서' 발표했고 연구회도 함께하였다. 이어 '바람직한독서문화를위한시민연대'가 주관한 제9회 금서읽기주간(9월 1~7일) 캠페인에도 참여하는 등 도서관의 가치를 지키고 확장하는 일에 꾸준히 활동하고 있다.[4]

한국도서관사연구회에 입회원서를 접수하고 운영위원에 지원하였는데, 수락이 되었고 여러 활동 분야 중에서 독서활동 분야를 맡게 되었다. 한국도서관사연구회의 독서활동은 우리나라 도서관 역사에 관련되는 책을 매월 1권씩 읽고 토론하는 활동이다. 그러던 중에 책읽는사회문화재단과 문화관광부가 지원하는 독서동아리지원사업[5]에 선정되어 지원을 받게 되었고, 그중에서 독서기행을 하자는 안건이 제안되었다.

책과 관련되는 기행을 하려고 하는데, 마침 『한국 도서관사』[6]를 함께 읽는 중에 일본홍도회 도서실이 우리나라 근대공공도서관의 효시라고 할 수 있는가 없는가를 토론하면서 회원 다수의 의견에 따라 자연스럽게 부전도서관에 관심을 집중하게 되었다. 마침 독서 활동을 이끄는 대표로서 부산에 거주하기도 하여 부산에 거주하는 다른 회원의 협조를 받아 부전도서관 탐방을 계획하였다. 그리고 서로 바쁠 때는 각자 맡은 일을 수행하였으며 탐방에 필요한 정보를 얻기 위해 먼저 논문, 도서, 인터넷 검색을 하면서 답사를 병행하였다.

그러다가 특히 전율을 느끼게 하고 감동을 주는 책 두 권을 만났다. 바로 『부산교육지』[7]와 『釜山市立圖書館略史(부산시립도서관약사)』[8]이다.

『부산교육지』는 단기 4292년(서기 1959년)에 부산시교육위원회에서 발행하였다. 여기에는 놀랍게도 도서관 서가, 열람실, 직원들의 사진이 실려 있었으며, 도서관의 연혁, 도서관 이용 실태, 시립도서관 운영 법규, 도서관 업무 계획, 시립도서관 직원 명부, 시립도서관 역대관장 명부가 기재되어 있었다. 지금까지 조사한 바로는 해방 이후 부산시립도서관에 관한 기록이 수록된 최초로 책으로 보인다.

그로부터 10년 후, 1969년 당시 부산시립도서관 관장 김종문 도서관장이 편찬 발행한 『부산시립도서관약사』에는 제목에 있는 그대로 부산시립도서관의 역사가 집약되어 있었다. 그 외에도 많은 문헌, 사진과 지도를 발견할 때마다 조사할 것도 많고 정리할 것도 많았지만 나는 희열을 느꼈다. 위의 두 권의 책을 중심으로 다양한 경로를 통해 조사한 내용들을 비교 분석하고 검증하면서 최대한 사실에 가까운 기록을 찾기 위해서 노력하였다.

부전도서관 탐방을 준비하면서 발로 뛰고 다른 연구자료들을 검토하면서 아무 생각 없이 무심히 보아 넘겼던 일들이, 건물들이, 장소들이 한 점에서 만나고 또 다른 곳으로 이어지는 것을 보면서 놀랍기도 하고 신기하기도 하였다. 그리고 이것이 이 무더위에 시원한 청량제를 뿌리는 것 같아 점점 흥분되었다. 이 느낌을 회원들에게 고스란히 전달하여 함께할 수 있기를 기대하면서 탐방을 준비하였다.

우리나라 최초 근대공공도서관의 시작점이 부산에 있고, 부산시립도서관, 부산시민도서관으로 자라고 있다. 그 가운데 부산도서관의 씨앗이 어떻게 뿌리를 내리고 자라왔는지, 그리고 어디까지 자랄 수 있으며 자라야 하는지를 장소, 건물을 중심으로 역사의 발자취를 찾아보는 데 주력하였다.

잭의 콩나무처럼 작은 씨앗 하나가 거인의 보물창고를 뚫어 보물벼락을 맞기를 기대하면서 도서관과 연구소, 부산시청, 부산시교육청을 직접 찾아가거나 전화상담을 하고, 인터넷 웹사이트, 논문, 도서 등을 닥치는 대로 찾아보았다. 내용이 조금씩 달리 기록되어 있거나 명백하게 오류로 보이는 부분도 있었다. 그런 부분은 최대한 정확한 사실을 확인하기 위해 꼬리 잇기 검색 기법을 활용하였다. 연관된 자료를 두루 찾아가면서 사실을 도출하기도 하고, 끝내 하나로 확인되지 않는 것은 의문 사항으로 남겨 두기도 하였다.

이렇게 시작된 부전도서관 역사 탐방을 바탕으로 우리나라 최초 근대공공도서관의 흔적에서부터 우리나라 최초의 근대공공도서관 건물로 현존하고 있는 부전도서관 건물을 따라, 부산시립도서관 역사의 발자취를 따라 이야기를 풀어보고자 한다. 도서관과 직접·간접으로 연관되어 있는 사실과 장소들도 살펴보고, 과거의 시점에서 현재를 거쳐 앞으로는 어떻게 역사를 쌓아가야 할지를 한 발짝씩 떼어보고자 한다.

1장

개항기 전후 부산의
시대 상황

부산은 구한말 우리나라의 시대 상황과 긴밀한 관계에 놓여 있었다. 외세의 파도가 급물살을 타고 우리 땅으로 밀려 들어오는데, 부산은 뜻하지 않게 일본 대륙침략의 교두보가 되고 말았다. 즉 일본은 미국의 함대를 앞세워 개항을 강요하여 문호를 개방하게 되었고, 이어서 1867년 12월 23일 왕정복고를 선언하여 메이지 신정부를 수립하였다.

1868년 9월과 12월에 일본 신정부는 조선 정부에 대하여 천황 정권의 성립과 신정부가 외교권을 행사한다는 사실을 동래부에 보내왔다. 이에 동래부에서는 그들이 보낸 외교문서가 과거의 예를 무시하였다는 이유로 외교문서 접수를 거부하였다. 이후 수차례에 걸친 일본 정부의 설득에도 동래부와 조선 정부가 응하지 않자 마침내 1873년 일본 정부는 그동안 쓰시마번 소속의 관원과 한정된 상인의 근거지였던 왜관에 외무성 소속 히로츠 히로유키(廣津弘信)를

조선 주재 외교관으로 임명하고, 부산 왜관을 일본공관으로 이름을
바꾸어 조선 외교를 외무성 관할하에 두었다. 이에 맞서 조선 정부
는 일본을 '무법지국'으로 표현하는 등 강경한 대응책으로 나섰다.

1876년 개항 당시에는 초량왜관에 거주하던 일본인 대부분이 귀
국하고 82명만 남아 있었다. 모두가 대마도 도민이었으나, 개항 이
후 일본 정부의 비호정책(庇護政策)으로 1878년에는 500여 명, 1881
년에는 약 2,000명으로 급증하였다.[1]

결국 1875년 5월 일본 포함(砲艦)인 운요호(雲揚號)가 부산에 입
항하여 포격 훈련을 하거나 무단으로 수로 측량을 감행하는 등 수
차에 걸친 무력시위가 이어지면서 마침내 1876년 2월 27일(고종 13
년) 일본의 강압적 위협으로 강화도조약(원래는 조일수호조규 또는 병
자수호조약)이 맺어지게 되었고, 부산항이 강제 개항되고 말았다.

1877년 1월 30일에 동래부사와 일본 관리인 사이에 부산구조계
조약(釜山口租界條約)이 체결되었으며, 초량왜관은 일본인 전관거류
지로 계승되어 일본전관거류지가 설정된다. 개항 이후 일제는 한
반도를 강점하고 부산항을 대륙침략의 교두보로 건설하기 시작하
였다.

부산구조계조약에 의하면 ① 면적은 구관(초량왜관)과 동일하게
결정하였다. 결정된 면적은 약 11만 평이었으며, ② 조계지의 조세
는 50원으로 정하고 납입 방법은 1년 전에 예납하기로 하였으며,
이때부터 종전의 왜관제도는 완전히 철폐되고 조계제도가 새로이
시작된 것이었다.[2]

초량왜관은 중간에 용두산이 솟아 있고 동남 두면이 해면에 접하며, 총면적은 약 11만 평이었고, 일본 정부가 조선 정부에 지불하는 지조는 연액 50원이었다.[3]

1928년에는 삼정물산 부산출장소(三井物産 釜山出張所)의 부지를 활용한 부청사의 확장계획을 수립한 바 있는데, 삼정물산 부지 267평을 평당 120원에 매수하기도 하였다[4]는 기록을 보면 1876년과 1928년의 물가 비교는 어렵지만 11만 평을 연 50원에 조차했다는 것은 구한말 부산에서는 이런 강제적인 한반도 침탈이 이미 자행되고 있었음을 말해준다.

1897년 10월 12일에 고종황제는 대한제국을 선포하였으나 1910년 8월 29일 한일병탄조약이 체결되어 우리 민족의 국권마저 잃게 되었다. 이렇게 대한제국은 1897년 10월 12일 창건돼 1910년 8월 29일 일제에 의해 패망할 때까지 12년 10개월 17일 동안 존속하였다.

대한제국은 우리 민족 최초의 근대국가로서 기념할 만한 많은 요소를 갖추고 있음에도 그동안 제대로 평가받지 못하였다. 기념은커녕 '나라 같지도 않은 나라'로 줄곧 무시되며 국가의 이름조차 제대로 불리지 않았다.

대한제국은 전제정을 표방하였는데 1899년 8월 17일 반포된 '대한국(大韓國) 국제(國制)'를 통해서다. '국제'란 오늘날의 헌법을 가리킨다. 한국 최초의 헌법이라 할 수 있는 이 '국제' 제1조에서 "대한국은 세계만방에 공인되어 온 바 자주독립한 제국이다"라고 규정하였다. 제2조에는 "대한제국의 정치는 과거 500년간 전래되었고, 이후에도 만세 불변할 전제정치다"라고 명시하였다.

이러한 격랑의 시기에 일본홍도회는 우리나라에서는 부산에만 유일하게 일본홍도회 부산지회를 설립하고 1901년 독서구락부를 만들어 도서실을 운영한 것이 부전도서관을 거쳐 부산시민도서관으로 이어진 것이다.

1

초량왜관과 관수가

부전도서관의 발자취를 더듬다 보니 꼬리에 꼬리를 물고서 조선 후기 용두산공원 동남쪽 기슭에 위치했던 초량왜관 관수가까지 거슬러 올라가게 되었다.

초량왜관은 조선초기인 1407년 지금의 범일동 부산진시장 일대에 부산포왜관의 역사로부터 시작되었다. 고려후기부터 조선초기까지 일본 대마도를 중심으로 발생한 왜구들이 한반도 해안 곳곳을 누비며 해안 지역 백성들을 괴롭혔다. 이에 조선을 건국한 이성계는 왜구들을 통교의 대상으로 삼아 그들로 하여금 일본과의 무역과 외교의 통로를 만들도록 한 것이다.

처음에는 왜리(倭里)라 하여 해안 지역 곳곳에 그들이 정박하여 그들이 가지고 온 여러 물산을 조선의 쌀과 곡식, 면포 등으로 바꾸는 무역을 할 수 있는 공간을 조성하였다. 그러면서 그들의 우두머리에게는 노고의 대가로 쌀이나 곡식, 면포 등을 주어 달랬다. 하지만 이러한 시도는 원래 노략질 근성이 있는 왜구 출신들에게는 제대로 먹혀들지 않았다.

태종 7년인 1407년 진해 제포(웅천)와 부산포에 '왜관(倭館)'이라하는 별도의 공간을 만들게 되었는데, 일단 왜관 선창에 도박하는 왜인들의 선박은 다른 곳을 다니지 못하게 하고 왜관 내에서만 거래하도록 하였다. 1426년에 울산의 염포에도 왜관이 설치되면서 이른바 '삼포왜관'이 설치되었다.[5] 조선은 조선 사회와 격리된 공간으로서 닫혀 있기를 바랐지만, 실제로는 기대와 달리 '왜관'은 사람, 재화, 문화, 정보가 교차되고 교류되는 열린 공간으로서 기능하기도 했다. 이러한 왜관 정책은 세월이 지남에 따라 확대되기도 하고, 한편으로는 그들이 왜관 내에서 일으킨 말썽으로 인해 수년간 폐쇄하기도 하였다. 임진왜란이 일어났을 때 왜리들의 첩자 활동에 화가 난 선조는 왜관을 폐쇄하였는데, 이는 10년간 계속되었다.[6]

그러다가 영도 임시왜관 3년을 거쳐 1607년 현 동구 수정동 수정시장 일대 두모포에 왜관을 정식 개설하였다. '두모포왜관'은 그 부지가 1만 평 규모밖에 안 되는 데다 수백 명의 왜인들이 기거하기에는 매우 협소하였다. 그리고 큰바람이 불면 선박을 육지로 끌어 올려야 하는 등 불편이 많았다. 마침내 1678년 용두산 일원 약 11만 평의 부지에 '초량왜관'으로 이전을 하였는데, 이곳이 초량왜관인 이유는 당시 지금의 남부민동에서 초량까지를 '초량항', 혹은 '초량목'이라 불렀기 때문이다.

1683년(숙종 9년) 8월 역관 박유년(朴有年)과 감정왜(勘定倭) 평성상

〈그림 1〉 약조제찰비   〈그림 2〉 약조제찰비 안내표지판

(平成尙)이 5개 조항을 새겨 왜관 안에 세우기로 정한 후에 약조제찰비(約條制札碑)[7]가 세워졌다. 현재 약조제찰비는 부산박물관에 이관하여 관리하고 있으며, 약조제찰비(〈그림 1〉)가 있던 용두산공원 밑에는 안내표지판(〈그림 2〉)을 세우고 다음과 같이 설명하고 있다.

초량왜관(1678~1876년)은 조선과 일본의 외교, 무역이 이루어지던 곳이다. 양국 상인의 접촉이 많아지고 밀무역과 거래가 금지된 품목의 거래가 늘어나면서 조선과 일본 양국이 약조를 맺은 뒤 그 내용을 간추려 한문과 일본어로 새겨 왜관 수문(守門) 앞에 세웠던 것이 약조제찰비다. 비문 내용은 다섯 가지였다.

1. 왜관 경계 밖으로 넘어 나온 자는 크고 작은 일을 막론하고 사

형에 처한다.

2. 왜채(倭債)를 주고받은 것이 발각되면 둘 다 사형에 처한다.

3. 개시(開市) 때 방에 몰래 들어가 밀무역을 하는 자는 둘 다 사형에 처한다.

4. 5일마다 여러 가지 물건을 공급할 때 아전·창고지기·하급통역관 등을 때리는 일이 없도록 한다.

5. 조선인·일본인 범죄인은 왜관 문밖에서 함께 형을 집행한다.

이처럼 초량왜관은 조선후기, 조선과 일본의 외교, 무역이 이루어지던 유일한 곳이었다. 경계 밖으로 나오거나, 밀무역을 하거나, 왜채를 주고받으면 모두 사형에 처하고, 폭행을 금지한다는 살벌한 내용이 새겨져 있어 당시의 상황을 짐작할 수 있다.

즉, 왜관 내의 모든 거래는 조선인이 왜관으로 들어가서 할 수 있었다. 그래서 왜인들이 왜관 밖으로 함부로 나다니지 못하게 높이 2m의 담장을 쌓았는데, 사방이 돌담으로 둘러싸여 있었다. 〈그림 3〉의 왜관 밖에는 조선 군관들이 지키는 복병막까지 세웠던 것이 점차 일본인거류민단지역 치외법권지역으로 한일병탄도 되기 전에 이미 그들의 말발굽 아래 짓밟히고 있었다.

관수가(館守家 혹은 館守倭家, 〈그림 5〉, 〈그림 6〉)는 근대 개항 후 옛 초량왜관 최고 책임자인 관수가 거주하던 곳으로 용두산 동남쪽 끝자락에 위치하고 있었는데, 현재 중구 동광동 11번지 일대이다. 관수는 1637년부터 왜관의 주관자로 파견되었는데, 임기 2년 동안

〈그림 3〉 일본 대마현립박물관 소장 「부산포초량화관회도」. 조선에서는 왜관(倭館)이라 했지만 일본에서는 화관(和館)이라 불렀다. 가운데 용두산을 중심으로 아래쪽 동관은 무역 관련, 위쪽 서관은 외교 관련 업무를 보는 곳이었다. 동관에는 관수가, 개시대청, 재판가 등과 왜인들의 생활에 필요한 시설이, 서관에는 3대청이 있었다.

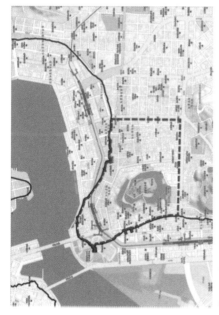

〈그림 4〉 초량왜관의 범위: 초량왜관은 용두산을 중심으로 약 11만 평 규모였지만 용두산이 차지하는 면적이 약 3만 평에 이르렀다. 초량왜관의 범위는 점선으로 표기된 부분으로 오늘날 국제시장 일원에서 대청로를 따라 동서쪽 해안까지였다. 실선은 당시 해안선을 표시한 것이다.(출처: 부경근대사료연구소)

〈그림 5〉 1783년 변박(卞璞)이 그린
「왜관도」

〈그림 6〉 변박의 「왜관도」에 나타난
관수가(〈그림 5〉에 표시한 부분을 확대)

매일 일기를 남겼다. 왜관 주변의 날씨를 비롯하여 선박의 입출항, 외교와 무역의 실태, 사건 사고 등 일상생활과 관련된 중요한 정보를 얻을 수 있다.[8]

관수가 터는 근대 개항 직전 1873년에는 초량공관이었다. 1876년(고종 13년) 부산이 개항되자 일본의 외교기관으로서 일본부산관리관청으로 사용되었고, 1879년 관수가 건물을 헐고 일본부산관리관청 건물을 새로 세우면서 1880년 4월에는 일본부산영사관(〈그림 7〉)으로 개칭하였다.

일본전관거류지는 1879년(고종 16년) 일본식으로 구역을 개편하고 동명(洞名)을 바꾸었는데, 처음에는 금평정(琴平町, 1903년 발행 지도)에서 상반정(常磐町, 1916년 발행 지도)을 거쳐 본정(本町, 1923년 발행 지도), 해방 후 동광동(東光洞) 등으로 지명 변천이 있

〈그림 7〉 1887년경 일본부산영사관 시기 건물

〈그림 8〉 1910년경 일본부산이사청 시기 건물,
오른쪽은 부산경찰청

었다. 1905년 7월에는 일본인자치단체인 거류지회의소(居留地會議
所)를 부산거류민단(釜山居留民團)으로 개명하였고, 1905년 11월에
부산이사청(釜山理事廳)이 설치되자 일본부산영사관은 철폐되었으
며, 1906년에는 부산이사청(〈그림 8〉)으로 변하였다. 한일병탄 이
후 1910년 10월 1일 동래도호부가 부산부로 개칭되면서 부산부청
(〈그림 9〉)의 청사가 되었으며, 부산부윤(현 부산시장)의 관사가 바로

〈그림 9〉 1926년경 부산부청 시기 건물

옆에 위치하였다.

　도서관과의 연관성을 살펴보면, 1937년 8월에 부산부청이 현재의 롯데백화점 광복점 자리로 신축 이관한 후 부산부립도서관을 이전하여 개관하였으나 1년도 채 되지 않은 1938년 2월 화재로 다시 1911년 신축한 도서관으로 이전한 역사를 가지고 있다.

2

조선시보와 부산일보

『조선시보』는 1892년 7월 11일 창간된 일본어 신문으로 부산에 본사를 둔 일간 신문이다. 창간 당시의 제호는 『부산상황(釜山商況)』으로 상업 및 경제 관련 보도를 목적으로 창간되었으며, 『동아무역신문(東亞貿易新聞)』으로 제호를 바꾸었으나 경영난으로 잠시 휴간되었다가 1894년에 『조선시보』라는 이름으로 재창립되었다.[9]

『조선시보』 발행의 계기를 만든 인물은 명성황후 시해범 아다치 겐조(安達謙藏)[10]이다. 아다치는 당시 부산 주재 일본 영사 무로다 요시아야(室田義文)에게 신문발간을 의뢰받아 규슈일일신문의 멤버들을 영입하고 경영난으로 인해 휴간에 들어간 『동아무역신문』을 인수하여 1894년 11월 21일 변천정(辨天町, 현 부산 광복동 부근)에서 일간지를 발행하게 되었다. 창간호가 나온 이후 얼마 되지 않아 아다치는 『한성신보(漢城新報)』 발행을 위해 서울로 떠났고, 1895년 명성황후 시해에 깊숙이 가담하였다. 이후 1919년 4월 10일에는 자본금 25만 엔의 주식회사로 전환하여 운영체재를 정비하였다.

그리고 조선인을 모욕하고 무시하는 내용의 보도를 하여 국내의 언론이나 각 단체로부터 항의를 받는 필화 사건을 일으키기도 하였다. 이는 『조선시보』가 일본의 국위신장과 국권확장을 내건 국수주의 단체인 구마모토 국권당이 중심이 되어 발행한 신문이었기 때문이다. 신문사 구성원들의 사상적 배경이나 신문의 편집 방침 등을 보여주는 단면이기도 하다. 더불어 이러한 필화 사건의 내면에는 재조선 일본인들이 본국의 일본인에 대해 갖는 열등감을 조선인을 모욕하고 멸시하는 보도를 통해 조선인에 대한 우월감으로 극복하도록 한 것으로 추정된다. 『조선시보』 원본은 부산시립시민도서관 고문헌실에 소장되어 있다.[11]

실업 신문을 표방하던 경쟁지 『부산일보』가 날로 확장하면서 『조선시보』는 상대적으로 점차 위축되었고, 일도일지제(一道一誌制)라는 총독부의 언론 통폐합 정책에 의해 1941년 『부산일보』에 통합되면서 폐간되었다.[12]

일제강점기의 『부산일보』는 1905년 1월 대청동 2가 1번지에 『조선일보(朝鮮日報)』로 창간되어 그해 11월 3일 『조선시사신보(朝鮮時事新報)』로 개제되었다가 1907년 10월 1일 『부산일보』로 제호를 변경하였다. 1912년 변천정 3정목(현 동주여자고등학교 일대)으로 이전하였고, 이후 창설자 아쿠타가와 다다시(芥川正) 사장이 1928년 1월 사망하자 가시이 겐타로(香椎源太郎)가 취체역('이사'의 옛말)으로 취임하였다. 1919년 1월 합자회사에서 주식회사로 조직을 변경하고

〈그림 10〉 화재로 소실된 부산일보 본사 건물(위쪽)과
신축한 건물(아래쪽 큰 사진)
(출처: 부산일보 다이쇼 4년(1915년) 12월 22일 자 1면)

〈그림 11〉 변천정 3정목 부산일보 본사(1911~1915년)
(출처: 1915년 부산일보)

현주소(중앙동 4가 53번지)로 이전하였으며, 1941년 이후 광복 때까지 경남지방의 유일한 신문으로 남게 되었다.(『부산일보』는 DB가 구축되어 있다.)

현재의 부산일보는 1946년 9월 10일 박수형(朴洙衡)·하원준(河元俊) 등이 부산시 대청동 4-36에서 일제강점기의 『부산일보』 사옥을 구 부산일보 사옥으로 불하받고 시설을 인수해 창간하였다. 비록 일제강점기 당시 일본어로 발행된 동명의 신문사의 제호를 그대로 사용하고 있지만 일본어로 된 부산일보와는 전혀 관계가 없다.[13]

위 사진은 일본홍도회 부산지회가 1901년 서산하정에 신축했던 지회의 건축원형에 가장 근접한 시각자료이다. 〈부산시가전도(釜山市街全圖)〉(1911)에 〈부산일보사〉로 명시되어 있다.[14]

통감부·조선총독부 통계연보에 의하면 근대 부산일보사가 1905년 대청정에서 창업하고, 1907년 창간해 운영하다가 1911년 서산하정에서 변천정 3정목으로 행정구역이 변경된 조선시보사 옆 일본홍도회 부산지회 건물을 매수하였다고 한다. 통감부와 조선총독부의 비호로 부산의 일본인 3대 거부를 넘어 조선의 해상왕이 된 가시이 겐타로(香椎源太郎)와 다카세 상점 2대 대표인 후쿠나가 마사지로(福永政治郎)는 일본인 자제 교육을 위해 일본홍도회 부산지회가 1899년에 개교한 중학교(메이지 32년, 부산홍도중학교)를 계승해 1919년 부산일보사를 개축하여 부산상업야학교 본교로 사용하였다.[15] 1921년 부산상업실천학교로 개칭하였으며, 현 동주여고 전신이다.

이상과 같이 1905년 1월 일제강점기의『부산일보』는 대청동 2가 1번지에『조선일보(朝鮮日報)』로 창간하였다. 1911년에는 서산하정에서 변천정 3정목으로 행정구역이 변경된 조선시보사 옆 일본홍도회 부산지회 건물을 매수하여, 1912년 변천정 3정목(현 동주여고 일대)로 이전하였다. 1919년 가시이 겐타로와 후쿠나가 마사지로는 일본인 자제 교육을 위해 일본홍도회 부산지회가 1899년 개교한 중학교를 계승하여, 부산일보사를 개축하여 부산상업야학교 본교로 사용하였다. 1926년 부산상업실천학교로 개칭하였으며, 현 동주여고 전신으로 부산일보사가 변천되었음을 알 수 있었다.

3

부산상업실천학교

　1907년 5월 1일 부산교육회 평의회의 결의에 따라 부산실업야학교를 설립하였으며, 서산하정 홍도관에서 시업식을 거행하고 운영하던 중 대청동 제1공립심상소학교(현 광일초등학교) 내에서 수업을 하였다. 설립 목적은 상가(商家)의 자제, 점원 등에게 상업과 관련한 교육을 야간에 실시하는 것으로 하여 6개월 과정의 초등과, 중등과, 고등과 수업을 실시하였다.

　설립 당시 명칭은 부산실업야학교였는데 1916년 9월에 폐교하였고, 사립부산교육회가 운영하던 이 학교를 1919년 5월 1일 당시 부산에 거주하는 일본인 재력가 가시이 겐타로(香椎源太郎)와 후쿠나가 마사지로(福永政治郎)가 계승하여 부산상업야학교(주간 여자부, 야간 남자부)로 교명을 변경하여 개교하였다. 1920년 4월 1일 옛 부산일보사의 건물을 매수하여 개축하고 본 교사로 정하여 이전하였다. 1920년 5월 1일에 인가를 받았으며, 1926년 2월 5일에는 부산상업

〈그림 12〉「상업실천학교」. 연도는 추정할 수 없으나
1927년에 발행된 자료에 실려 있으며, 1926년 교명이 개명된
부산상업실천학교와 동일한 것으로 추정할 수 있다.

실천학교(〈그림 12〉)로 교명을 변경하였다.

1949년 4월 26일에는 동주상업중학교로 인가를 받았고, 1950년 6월 25일부터는 6·25 전쟁 중 서울의대 의예과 강의동으로 징발이 되었다. 1951년 9월 1일에 동주중학교로 교명을 변경하였으며, 2008년 3월 1일에 현재의 동주여자고등학교로 교명이 변경 인가되었다.

〈그림 10〉과 〈그림 12〉를 비교하여 보면 부산일보 본사가 소실된 후 신축한 건물과 매우 흡사함을 알 수 있다. 이로써 〈그림 12〉는 부산일보가 구입한 일본홍도회 부산지회 건물과 동일한 건물이며, 또한 1903년 부산도서관이 있었던 건물임을 유추할 수 있다.

4

초량관어학소

1873년 10월 22일 부산 초량공관 내 첨관옥(대곡파 본원사)에 초량관(구 초량왜관)어학소를 마련하여 강습소로 사용했다. 그동안 대마도 사람들의 곳간[穀庫]이었던 초량왜관에 일본 제국주의의 조선 침략을 위한 준비 단계로 초량관어학소가 개설되었고, 동경에서 1873년에 동경외국어학교가 창설되었는데 1880년에 조선어학과가 개설되었기 때문에 초량관어학소 학생을 동경으로 송치한 후 폐소하였다.[16]

초량관어학소는 부산 초량에 있던 일본 외무성의 통역관 양성 기관으로, 일본의 외무성에서 조선어 통역관을 양성하기 위해 설립하였다. 메이지 유신 후 번(藩)이 폐지되고 현(縣)이 설치됨에 따라 대외 관계를 직접 관할하게 된 외무성은 쓰시마번의 조선어 교육 체제와 인재를 인수하는 형태로 1872년(고종 9년) 10월 25일 대마도 이즈하라(嚴原)에 외무성 이즈하라한어학소를 설치하였다. 이즈하

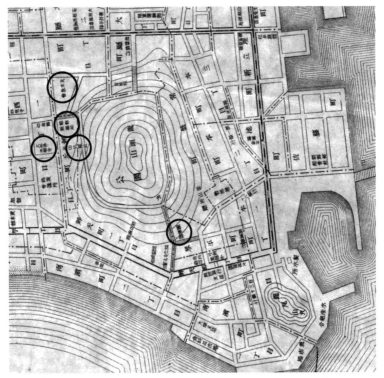

〈그림 13〉 1916년 발행 『부산시가전도』. 대곡파 본원사(초량관 어학소가 있던 곳), 천주교회, 조선시보사, 부산일보사, 용두산 계단(현 에스컬레이터) 오른쪽에 도서관이 표기되어 있다.

라한어학소는 이듬해인 1873년(고종 10년)에 당시 일본공관이 있던 부산 초량관으로 이전되었고, 이에 외무성 초량관어학소가 개소된 것이었으며, 조선 침략의 선봉인 통역관을 기르기 위한 것이었다. 쓰시마 지역의 고위층 자제 34명이 입소해서 1년 동안 배우고 졸업하였는데, 이 가운데 10명은 조선어를 더 잘하기 위해 부산 초량왜관으로 유학을 왔다. 초량관어학소는 일종의 조선 분교였는데, 1895년(고종 32년) 명성황후(明成皇后) 시해 사건 때에 투입된 자객 가운데 2명이 이 초량관어학소 출신이었다.

이처럼 개항기를 전후하여 부산의 시대 상황은 일본의 조선 침략의 발판이었다. 일본홍도회 부산지회 홍도도서실의 위치는 일본어 신문인 부산일보사와 부산상업실천학교(현 동주여고)와 동일한 장소를 공유하고 있었으며, 조선시보사는 바로 옆에 인접하고 있었고, 초량관어학소는 건너편 대곡파 본원사(현 대각사)와 마주하고 있었다. 가장 오래된 관수가(현 MU호텔)는 후에 부산부청이었을 때 부산부립도서관이 위치하였던 곳으로 지리상 상호 역학관계를 가지고 있었다.

2장

1903년의 부산도서관에서
부산시립도서관으로

부산의 공공도서관 역사는 우리나라 최초의 근대공공도서관 발원지로서 1901년 일본홍도회 부산지회의 도서실에서 시작하여 120여 년의 장구한 도서관 역사뿐만 아니라 도서관 건물의 역사와 함께 이어져 오고 있다. 그 중심축에 또한 부전도서관이 뿌리를 내리고 있다.

'1903년의 부산도서관'은 1901년 일본홍도회 부산지회에서 설치한 도서실을 개명한 것이고, 결국은 '부산광역시립시민도서관'으로 이어진 것이다.

1

일본홍도회 부산지회

일본홍도회 부산지회는 다른 기록에서는 부산지부라고 하여 '지회'인지 '지부'인지는 그다지 중요하지 않지만 명칭에 약간의 혼동이 있었다. 그런데 최근 윤희윤[1]에 의하면 1897년 5월 재부산 일본인 토키(土岐黃), 시마다(島田歸), 아라나미(荒浪平治郞) 등은 '일본홍도회 부산포지회(釜山浦支会)'를 발기하여 부산항 인근 서산하정(西山下町, 현 광복동3가)에 사무소를 개설하고 활동을 시작하였다. 당시 제정된 「일본홍도회부산포지회규약(日本弘道会釜山浦支会規約)」을 훑어보면 다음과 같다.

제1조 당회는 일본홍도회규약 제1조의 취지를 달성하기 위해 설치한다.

제2조 당회를 일본홍도회 부산포지회(釜山浦支会)로 칭하고 지회 사무소는 회장 자택 내에 둔다.

제3조 일본홍도회규약 제2조에 해당하는 자가 당 지회 회원이
      되고자 할 때는 회원 2명의 소개로 일본홍도회규약 제3조
      의 수속을 밟고 … 실비를 납부하고 회원명부에 날인해야
      한다.

제4조 당회에는 회장 1명, 간사 2명의 임원을 둔다.

제5조 당회는 매년 4월과 10월에 총회를 개회하여 회무를 보고
      하고, 1월, 3월, 5월, 7월, 9월, 11월에 다과회 또는 임시 담
      화회를 개최한다.

제6조 회원이 되는 자는 일본홍도회 요령을 실천하는 것은 물론
      목적을 달성하는 데 노력하고, 특히 외교 무역의 요로인 현
      지에서 상업적 도의를 발휘하여 내외 신뢰를 잃지 않도록
      힘쓴다.

제2조에서 일본홍도회 부산지회는 창설 당시에는 일본홍도회 부
산포지회로 칭하였으며, 1897년 6월 24일 서산하정에 사무실을 개
설하였다. 그리고 1903년에는 부산지회로 개칭되었다[2]는 것이다.
따라서 앞으로는 '일본홍도회 부산지회'로 명명하기로 한다.

일본홍도회 부산지회는 1901년 10월 일본인전단거류지 내 용두
산 아래 서산하정에 있는 땅을 빌려[3] 홍도회 사무소를 준공하였고,
그 사무소에는 강습실, 회원집회실, 사무실 그리고 서적실을 설치
하였는데, 그 서적실이 일본홍도회 부산지회의 도서실로서 1901년
10월 10일에 문을 열었다.

1.1. 일본홍도회 부산지회 홍도도서실

홍도도서실이 설치된 일본인전단거류지는 1901년 당시에는 일본이 조일수호조규에 따라 조차한 지역으로 치외법권지역이었기 때문에 실제 그를 소유한 국가는 일본이었다. 뿐만 아니라 일본홍도회 부산지회 도서실은 일본홍도회에서 일본인거류민단을 위한 사회교육시설의 하나로 설치한 서적실이기도 하였다.

그리하여 일본홍도회 부산지회 도서실은 일본홍도회에서 일본인거류민을 위한 사회교육시설의 하나로 설치한 서적실이라는 이유로 부산에서뿐만 아니라 우리나라에 있어서 최초의 근대 공공도서관의 효시라고 하는 논란의 핵심이 된 것이다.

일본홍도회가 처음 설치·운영했다는 도서관 관련 시설에 대해서는 여러 학자가 부르는 명칭부터 다양하였다. '독서구락부', '도서구락부', '부산도서구락부', '부산독서구락부', '홍도회도서관', '홍도회도서실', '부산도서관', '용두산의 도서관', '홍도문고' 등이다. 1901년에 홍도회는 독서클럽(club)을 조직하였다. 이 독서클럽을 일본식으로 읽어서 독서구락부가 된 것이다.

일본홍도회 부산지회 회원들은 처음에 독서클럽을 만들어 활동하면서 책을 구매하고, 읽은 책을 모아 두었는데 이것이 많아지면서 나중에 하나의 도서실 규모로 커진 것으로 보인다. 홍도회 회원들이 조직한 독서클럽은 시설이 아니고 작은 조직이었으며, 또한 장서를 모은 공간이 실(室) 정도의 작은 규모이기에 '일본홍도회 도서실'[4]로 명명하는 것이 바람직하다고 본다.

그런데 부산포지회가 도서실(관)을 개설한 최초 기록은 1902년 3월 일본홍도회 「日本弘道叢記」[5]에 게재된 '韓国釜山在弘道図書室の新設'이다(日本弘道会, 1902, 52-53). 이 잡지가 일본홍도회의 공식적 입장을 대변한 점을 감안하면 부산포지회가 개설한 최초 명칭은 '홍도도서실'로 간주해야 한다[6]고 하였다.

따라서 더 확실한 자료가 나와서 확인되기 전까지는 향후 일본홍도회 부산지회에 사무소 내에 개설한 도서실은 '홍도도서실'로 통일하고자 한다.

또한 일본홍도회에서 1897년 발행한 「日本弘道叢記」, 63, 2쪽에 따르면 1897년에 부산포지회 사무소를 개설하였고, 일본홍도회부산포지회규약에 따르면 일본홍도회 부산지회는 처음에는 부산포지회였으며, 1903년 부산지회로 개칭되었다는 것이 정확한 것으로 사료된다.[7]

우리나라와 일본의 문헌정보학 분야 많은 연구자들은 1901년 10월 일본인 단체에 의해 부산에 만들어진 홍도도서실을 우리나라 공공도서관의 시초라고 기술하고 있으며, 개항 100년 연표·자료집에 의하면 1901년 10월 부산시립도서관이 개설되었고,[8] 1919년 7월 대구부립도서관이 개설되었다는 것이다.

그렇다면 여기서 조차지였으며 치외법권지역이었고 일본인이 일본인을 위해 개설한 일본홍도회 도서실은 과연 현재 부산시민도서관의 효시, 우리나라 최초의 근대공공도서관이라고 할 수 있는가?

문헌조사에 의하면 우리나라에서 홍도도서실의 존재를 최초로 밝힌 연구자는 김포옥(1979)[9]인 것으로 사료된다. 그러나 김포옥은 자신의 연구에서 홍도도서실을 우리나라 최초의 공공도서관이라고 기술하고 있지는 않다. 김포옥에 이어 홍도도서실에 대해서 언급하고 있는 학자는 김세익(1982)과 백린(1982)이다.

김세익은 홍도도서실을 우리나라 공공도서관의 시작으로 보는 것에 대해서 문제제기를 하는 듯하나 그는 '비록 일본인에 의한 것이지만 우리나라에 세워진 최초의 공공도서관이다라며 인정하고 있다. 백린(1982)도 한편으로는 홍도도서실의 설치 의미를 과소평가한다. 그러나 이 시설이 오늘날의 부산광역시립 시민도서관으로 발전했기 때문에 이 점도 무시할 수 없다고 하면서 어느 정도 그 의미를 인정하는 듯하다.

그런데 김세익과 백린의 홍도도서실에 대한 기술은 그 이후 여러 학자에 의해 의문의 여지가 없는 절대 사실로 기술되는 결과를 낳는다. 그렇지만 최석두(2009)와 곽철완(2012)은 그의 저서에서 홍도도서실에 대해서 기술하고 있지만 이 시설이 '우리나라 최초의 공공도서관이다'라고 구체적으로 기술하고 있지는 않다.[10]

김영석과 이용재[11]는 일본홍도회 홍도도서실을 한국의 근현대적 의미에서 최초의 공공도서관으로 인정하는 것은 큰 무리가 있다고 하였다. 그 구체적인 이유는 첫째, 이 도서실이 우리나라 부산에 건립되었지만 일본인에 의해 건립되었고, 둘째, 도서실이 일본인들을 위해 건립되고 오랫동안 그렇게 운영되었으며, 셋째, 장서의 대부분은 일서였고, 넷째, 일본홍도회는 일제강점기 전과 강점기 동안 일본 군국주의를 지지하는 단체였기 때문이다.

송승섭[12]은 근현대시기 도서관의 성장을 크게 세 가지 측면으로 구분하여 볼 수 있다고 하였다.

첫째, 결국 뜻을 이루지 못했지만 민간에서 시작하여 대한제국의 자발적인 힘으로 국가도서관인 대한도서관을 만들기 위한 시도가 이루어졌다. 과거 왕실 중심의 도서관에서 탈피하여 서구에서 넘어온 국가 계몽을 위한 새로운 수단인 도서관을 만들고자 하였으나 한일합병조약으로 무산되고 만다. 이후 국가도서관은 1923년에 건립된 조선총독부 도서관을 중심으로 체계를 갖추게 된다.

둘째, 계몽운동의 일환으로 촉발된 민간의 자발적인 사립 공공도서관 설립 운동이다. 당대 개화 선구자들을 중심으로 계몽사상을 전파하고 민족주의적 가치를 확산하기 위한 목적으로 도서관을 만들기 위한 노력이 이루어졌다.

셋째, 1876년 한일수호조약 체결 이후 서구의 도서관을 일찌감치 접한 일본인들의 유입이 늘어나면서 만들어지게 된 도서관을 들 수 있다. '독서구락부', '신문종람소' 등 일본인들을 위한 독서 시설들로 시작하여 통치 수단의 일환으로 공공도서관을 확대 발전시켜가는 모습을 확인할 수 있다.

그러면서 앞의 김영석과 이용재가 제시한 의견과 동일한 이유로

'홍도도서실'은 우리나라 최초의 근대공공도서관이 될 수 없다고도 하였다.[13]

그뿐만 아니라 이미 곳곳에서 일본의 조선침탈 야욕이 드러나고 있었다. 즉 일제가 우리나라에 설립한 교육, 언론을 비롯한 모든 실체는 오직 그들의 한반도 찬탈을 위한 도구로만 사용하였기 때문이다.

예를 들면 1935년(쇼와 10년) 10월 전국도서관대회에서 당시의 조선총독 우가키 가즈나리(宇垣一成)는 「도서관의 2대 사명」이라는 제목의 강연을 하였다. 이 강연에서 도서관의 사명 2개를 지적하였다. 그 하나는 도서관의 사명이 「사상의 관측」에 있다는 지적이다. 그의 말에 의하면 "도서관을 통해 사회사상의 흐름, 그 움직임을 예측해 보고 싶다. 즉 도서관은 사상의 관측소이다. 기상관측소가 있는 것과 동시에 사상의 흐름을 관측해야 할 업무를 도서관에서 실현할 수 있지 않을까"라고 하였다.

즉, 조선식민통치를 원활하게 하려는 방안으로 도서관은 「사상 동향의 파악」, 다시 말해 「사상 통제」를 주요 사명으로 삼고 있었음에 틀림없다. 당연한 예상으로 도서관 이용자의 열람을 통해 반일사상가나 독립운동가, 게다가 마르크스주의 신봉자 등의 존재를 알 수 있는 실마리로도 활용했을 것이다.

그런데 이를 전후하여 대한제국 때 개화된 서구 문명이 도입되었고, 우리나라 근대도서관의 기운이 싹트기 시작하였다. 1906년(광무 10년)에 개화된 유지들이 대한도서관 창설을 논의하고 그 설치를 위하여 관사와 자금 일체를 사비로 운영하기로 확정하여 그 토대를 마련하였으나 경영난에 부딪혀 결국 정부의 힘으로 궁내부 내에서 정식으로 발족을 보았다. 그 후 관사의 확장과 더불어 많은 도서수집 계획을 수립하면서 일반의 열람에 이바지하였던 것이다.

한편 1906년(광무 10년) 평양에서는 지방 유지인 진문옥(秦文玉), 곽용순(郭龍舜), 김흥윤(金興潤)이 대동도서관(大同圖書館)이라는 사설도서관을 설치하여 도서 1만 권을 구입, 비치하고 일반에게 열람할 수 있도록 이바지하였다는 기록이 있다. 이들 두 도서관, 즉 대한도서관과 대동도서관은 우리나라에 있어서 우리의 손으로 지어진 근대적인 공공도서관의 시초가 되는바, 실로 그 의의가 크다 할 것이다.

한편으로는 역사라는 것이 그렇다. 그냥 스스로 발생하여 형성되기도 하지만, 혹은 자의든 타의든 외부에서 유입되기도 하고 시나브로 가져오기도 한다. 다만 개항기 전후에서 일제강점기 우리의 시대 상황은 다른 식민지들과 다를 수도 있다.

그렇다면 우리나라에서 도서관이라는 명칭은 과연 언제부터 사용되었을까? 여기에 대한 답을 윤희윤은 그의 최근 논문에서 명쾌하게 밝혀주고 있다.[14] 도서실이란 말은 비록 개인 서재 내지 사가 장서루를 지칭하였음에도 조선 초중기부터 시문집, 묘갈명, 일기에 등장한다. 그 최초는 신용개의 『속동문선』(1518)이며, 이어 황정욱의 『지천집』(1632), 이민성의 『경정집』(1664), 이복원의 『쌍계유고』(1789년 추정), 이채의 『화천집』(1866)에도 기록되어 있다.

도서관이란 화제한어는 유길준이『서유견문』(1895)을 통해 서양 도서관 사정을 최초로 소개하였다는 것이 종래의 중론이다. 그러나 최초로 등장한 문헌은 조사 시찰단으로 방일한 이헌영의『일사집략』(1881)이고, 이어 조준영의『일본문견사건초』(1881)와 박영효의『사화기략』(1882),『한성순보』(1884), 박대양의『동사만록』(1885)에도 소개되었다. 따라서 유길준이『서유견문』에서 서양·일본 도서관을 소개할 때 통상 중장경용에 치중하는 '서적고'로 소개한 것을 최초로 지목하는 대신 입증된 바와 같이 우리나라에서 도서실은 1517년에 처음 등장하였고, 도서관이라는 명칭을 사용한 것은 1881년임을 알 수 있다.

1.2. 지도로 보는 홍도도서실의 위치

탐방을 위해서 일본홍도회 부산지회 도서실의 위치를 파악하는 데 주력하였는바, 기록상의 위치와 지도상의 위치를 면밀히 톺아보았다.

지도상에서 부산일보사와 조선시보사가 일본홍도회 도서실과 매우 밀접하게 위치하고 있다. 현재까지 지도상으로 홍도회 위치를 표기한 유일한 지도인 1903년 발행된「부산항시가 및 부근지도」에 나타난 홍도회 자리에 1911년 발행된「부산시가전도」에는 홍도회 부산지회 도서관이 1912년 용두산 중턱으로 이전한 뒤 부산일보사

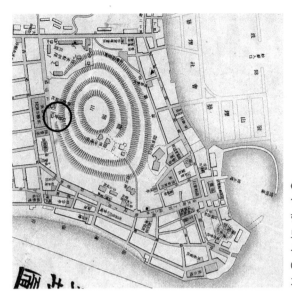

〈그림 14〉
1903년 발행 「부산
항시가 및 부근 지
도」-용두산 아래 서
산하정(西山下町)
에 홍도회(弘道會)
가 표기되어 있다.

〈그림 15〉
1911년 발행 「부산
시가전도」-용두산
아래가 서산하정(西
山下町)에서 변천
정(辯天町)으로 지
명이 바뀌어 나타나
고, 홍도회(弘道會)
가 위치했던 곳에 부
산일보사(釜山日報
社)가 들어서 있다.

(釜山日報社)가 들어선 것을 알 수 있다. 지도상으로 정확한 위치를 파악하는 것이 쉽지는 않지만, 현 대각사 맞은편 동주여자고등학교로 이해할 수는 있을 것이다.

1.3. 기록상에서 보는 홍도도서실의 위치

일본홍도회 부산지회의 위치는 기록상으로는 서산하정[15][16]과 서산하정 8번지,[17] 서산하정 9번지[18]로 3가지가 나타났는데 그 당시의 많은 기록에서 부정확한 내용들을 볼 수 있다.

일부 기록에 '일본홍도회 부산지회는 1901년 8월 용두산 아래 교서산하정 8번지에 홍도회 사무소를 신축하기로 하여 그해 10월에 사무소가 준공되었다.'라고 표기하고 있다. 여기서 '교서산하정'이라는 지명에 대해서 살펴보면, 1915년 부산갑인회(釜山甲寅會) 발행된 『일선통교사(日鮮通交史)』에 '부산교육회 및 도서관' 부분에 부산도서관 설립과 관련하여 다소 상세하게 정리되어 있다.

그 가운데 '日本弘道會釜山支會는明治三十四五年の交西山下町'이라는 내용이 나오는바 여기서 '明治三十四五年の交西山下町' 부분에 대한 오역으로 인해 빚어진 내용으로 보인다. 즉, '明治三十四五年の交'는 '명치 34년에서 35년으로 바뀔 무렵'으로 해석하고, '交西山下町'을 '西山下町'으로 해석해야 정확한 것이다. 그래서 '日本弘道會釜山支會は明治三十四五年の交西山下町'을 '명치 34년에서 35년으로 바뀔 무렵 서산하정에서'로 이해해야 하는 것이다.

그리고 '서산하정 8번지'는 1879년(고종 16년) 부산일본전관거류지를 일본식으로 구역을 개편하고 동명(洞名)을 바꾸면서 과거 초량왜관의 동관(東館) 지역을 둘로 나누어 제1구를 본정, 상반정, 변천정으로 하고, 제2구를 입강정, 행정으로 구분하고, 서관(西館)에는 서정(西町)만 두었다. 이후 일본인들이 증가하면서 1880년대 서관 지역에 기존의 서정(西町) 외 현 대각사 앞을 흐르던 앵천 건너편 용두산 서쪽 자락 아래 서산하정(西山下町)이 생겨났다. 1905년 을사 늑약 이후 부산에 일본이사청이 생겨나면서 이사청에서는 일본인 전관거류지를 중심으로 대대적인 시가지 정비를 실시하였고 아울러 정명(町名)을 바꾸었다. 이때 서산하정(西山下町)이 변천정(辨天町)에 흡수되어 변천정 3번지가 되었다.

이와 같이 홍도도서실의 위치는 지도상에서나 기록상에서는 분명하지가 않지만 주변 기관들의 변천에 따라 의외로 쉽게 파악되었다. 1912년 부산도서관이 이전한 자리에 들어선 부산일보사는 1911년 조선시보사 옆 일본홍도회 부산지회 건물을 매수하여 1912년에 이전하였고, 부산상업야학교는 1920년 부산일보사를 매수하고 개축하여 본교로 사용하였다. 이후 1926년 부산상업실천학교로 개칭하였으며, 해방 후 일시 폐교되었다가, 1945년 11월 14일에 한국인 학생 일부를 인수하여 부산상업실천학교로 다시 개교하였으며, 2008년 3월 1일에 동주여자고등학교로 교명을 변경하여 현재에 이르고 있다. 따라서 일본홍도회 부산지회 도서실의 위치는 현재의 동주여고 자리였음을 확인할 수 있었다.

2

1903년 부산도서관

  부산도서관은 1903년 협소한 일본홍도회 도서실을 개축하여 그 명칭을 '부산도서관'이라 하였으며 사립부산교육회에서 계승하였다. 1911년 11월 신관을 당시 본정(현 동광동) 2정목 20번지에 신축하여 1912년 6월 개관(〈그림 16〉)하였는데 이곳은 현재 용두산공원

〈그림 16〉 1911년 건축된 용두산공원 체력단련장에 있었던
부산부립도서관 전경

으로 올라가다가 보면 오른쪽에 있는 체력단련장이다. 1912년에 발행된『부산요람』에 의하면 신축한 도서관의 시설 규모는 부지 316평으로 2개 동의 건평 44평이었고, 본관은 2층 목조기와집으로 열람실 30평, 현관 및 기타 5평으로 되어 있었고, 별관은 단층 벽돌집으로 서고 9평이었다. 그런데 1916년 부산갑인회에서 발행한『일선통교사』에는 건평 35평, 공사비 6,803원 80전으로 나타나고 있다. 이것은 별관의 서고 9평이 누락된 것으로 보인다.

사립부산교육회 도서관의 건물은 부립도서관 시대를 거쳐 광복될 때까지 사용되다가 노후되어 본관과 별관 모두 무너져 도서관으로 사용할 수 없게 되었다.

2.1. 사립부산교육회

사립부산교육회는『부산부세요람(釜山府勢要覽)』[19]에 따르면 부산교육회는 메이지 34년(1901년) 4월에 창설되었는데 회원 275명, 기본금 5,490원으로 교육에 관한 필요한 사항을 조사하거나 강연회, 체육장려, 사회풍교 개선 등 교육의 진전에 공헌하였으며, 실업야학교와 도서관을 경영하였다는 기록[20]과 1907년 창립되었다는 기록[21][22]이 있다. 그리고 "단기 4235년(1902년)에 부산교육회가 이를 계승하여 동년 11월에 용두산공원의 중복에 신축하여 동회에서 경영하였다"는 기록[23]과 그 밖의 다른 대부분의 자료에 사립부산교육

회는 1911년 11월 용두산공원 중턱에 도서관 건물을 신축하기로
하여 1912년 6월 개관하였다는 기록[24]이 있다.

여기서 "단기 4235년(1902년)에 부산교육회가 이를 계승하여, 동
년 11월에 용두산공원의 중복에 신축하여 동회에서 경영하였다"
는 내용에는 연대상의 모순이 나타난다. "1902년에 부산교육회가
계승하였다"는 것은 1901년에 부산교육회가 창설되었다는 사실
에 대한 방증일 수 있지만 "동년 11월에 용두산공원의 중복에 신축
하였다는 것"에서 동년은 1902년을 의미한다고 볼 수 있기 때문에
19011년 11월에 용두산공원 중턱에 부산도서관을 신축하였다는
기록과는 모순되는 것이다.

또한 사립부산교육회와 부산교육회를 혼용 또는 교차 사용하고
있어서 혼란스럽다. 그러면 사립부산교육회의 창립 연도는 1901년
인가? 1907년인가? 이를 추적하기 위해 각종 문헌을 분석하였으나
아직 규명하지 못하였다. 그러나 한편으로 1903년 부산도서관의
등장은 홍도회보다는 사립부산교육회에서 계승하여 부산도서관으
로 관명을 변경한 것이 더 타당성이 있는 것으로 보여 사립부산교
육회의 창립 연도는 1901년으로 보는 것이 이치에 맞는 것으로 보
인다.

부산시교육청과 경남교육청의 연혁에서도 1901~1910년 기간의
기록이 나타나지 않았으며, 부산시교육청에 민원을 넣었으나 역시
규명하지 못하였다. 아마도 사립부산교육회이기 때문에 현재의 부
산이나 경남의 교육청과는 무관한 것으로 사료된다.

실제로 우리나라에서는 해방 이후 미국 정부의 미국인들과 수차례에 걸쳐 우리나라에 온 미국교육사절단의 권고에 따라 교육구의 설치와 교육위원회의 조직을 서둘러 왔으나 그 실시를 보지 못하였다가 우리 정부가 수립된 이후 단기 4282년(1949년) 12월에 제헌국회에서 교육법을 통과시키고 지방교육자치제도를 확립시켰다. 그러나 지방의원의 선거가 지연되었기 때문에 그 실시가 미루어지고 지체되다가 단기 4285년(1952년) 5월 24일에 시교육위원회가 성립되었다. 이에 부산시교육위원회는 교육자치제에 의해 1952년 6월 4일에 발족하였다는 것으로 사립부산교육회와는 그 역사와 궤를 달리하고 있음을 알 수 있다.

그리고 교육연구소가 단기 4287년(1954년) 부산시교육연구위원회로 발족하였고, 단기 4288년(1955년) 부산시교육연구소로 개칭되었으며, 단기 4289년(1956년) 사무실을 부산동광초등학교 내에 신축하고 이전하였다.

2.2. 국립국악원

1911년에 신축된 부산도서관 건물은 또 하나의 안타까운 역사를 품고 있다. 바로 1951년 부산에서 개원한 국립국악원의 역사이다. 부산에 피란 온 구 왕궁아악부(국립국악원의 옛 명칭)는 1951년 4월 10일 이곳, 용두산공원 아래 구 부립도서관(〈그림 17〉)과 동광초

鎌書圖立府山釜

〈그림 17〉 1926년 발행 『부산대
관』의 부산부립도서관

〈그림 18〉 1951년 부산 개원 당
시 국립국악원 청사(출처: 『국립국
악원 개원 70년사』)

등학교 분교로 사용하던 목조 이층집의 2층에서 국립국악원을 개
원(〈그림 18〉)하였으나 1954년 12월 26일, 이 일대에서 화재가 발생
하여 국립국악원 창고에 보관 중이던 조선왕조 12명의 어진영 가운
데 9명의 임금 어진과, 궁중일기 등 4천여 점 가운데 3천 5백여 점
이 소실되어버린 것이다.

또한 〈그림 17〉, 〈그림 18〉에서 보듯이 1911년 부산도서관, 1919
년 부산부립도서관, 그리고 1951년 국립국악원이 동일한 건물인
동시에 같은 사진임을 알 수 있다.

국립국악원은 조선시대 국립음악기관이었던 장악원(掌樂院)이 일제강점기 1925년 '이왕직아악부(李王職雅樂部)'로 기구가 축소 개편되었고, 해방 후에는 '구 왕궁아악부'라는 이름으로 명맥만 유지하게 된다. 이후 한국전쟁 시기 제주에서 체류하던 아악부원 일부가 다시 부산으로 돌아온 것은 1951년 1월 8~9일경이었다. 부산에 피란 온 아악부는 광복동 85번길 5-10번지로 용두산공원 밑 구 시립도서관과 동광초등학교 분교로 사용하던 목조 2층집의 2층이었다.

　1951년 4월 9일 아악장 이주환(李珠煥, 1909~1972)이 문교부장관으로부터 국립국악원장 임명장을 받고 4월 10일 구 왕궁아악부는 '국립국악원'으로 개칭되어 국회법령으로 통과되었다. 이것이 현재 한국을 대표하는 '국립국악원'의 출발이었다.

3

부산부립도서관

일제는 문화정치의 일환으로 사립부산교육회에서 운영하고 있던 도서관을 1919년 4월에 부산부로 이관하여 명칭도 부산부립도서 관으로 개칭하였고, 사립공공도서관으로부터 공립공공도서관으로 전환되었다가 건물의 노후로 1937년 9월경에 부립도서관을 구 부 청사 건물로 이전하기로 하였다.

구 부청사 건물은 1880년 일본영사관 건물로 신축되어 그 후 부 산이사청, 부산부청사 건물로 사용되다가 1936년 3월 31일 영도대 교 입구 쪽에 부산부청사가 신축되어 옮겨감으로써 부립도서관 건 물로 사용하게 되었다. 부립도서관은 1937년 8월 9일 이전을 시작 하여 8월 16일 구 부청사 건물 도서관에서 업무를 시작하였으나 1938년 2월 9일 오후 8시 5분경에 화재가 발생하여 불이 지하의 서 고까지 옮겨붙었고, 이 화재로 인하여 건물이 소실되어 버렸다. 부 득이하게 부립도서관은 용두산 중턱의 구 도서관 건물을 임시로 도

서관 건물로 사용하게 되었다. 이때까지 도서관의 운영 관리 주체
는 부산시였으나 단기 4285년(1952년) 6월 교육자치제 실시로 부산
시교육위원회에서 이관하여 일을 맡아서 처리하게 되었다.

당시 부산부립도서관에 관한 신문기사를 보자. 1937년 8월 9일
이전에 관한 기사이다.

> 釜山府立圖書舘 舊府廳舍 移轉
> 부산 부립도서관은 현재 장소가 협착하야 도서관확장 문제가 오
> 래전부터 의론되어 왔는데 부산부에서는 구부청사를 도서관으로
> 이용하겠다고 총독부당국에 대여인가를 신청하야 내부를 수리하
> 든 중 요지음 공사가 완료되어 지난 9일에 이전하야 근일중에 개
> 관을 하게되엇다고 한다. 신도서관은 … 주위가 고요하고 전망이
> 매우 조아 열람실에는 통풍채광이 잘 되어잇어 독서에 매우 조흔
> 조건이 구비되어 있다고 한다.[25]

또 다른 기사는 부산부립도서관 신축 무기 연기에 관한 것이다.

> 新築을 無期延期
> 문제에 문제를 거듭하던 부산부립도서관 신축공사는 기지문제도
> 해결되어 총공비 14만9천원의 추가 계상으로 근간 착공할 예정이
> 엇던 바 이번 총독부 당국으로부터의 장기전 하의 비상시국에 대

하여 관공서건축물의 신축 및 증축을 일체중지하라는 엄명에 기하
야 부산부당국에서는 또 도서관 신축에 대한 독지자의 기부금문
제도 예정대로 잘 진전되지 않으므로 부득이 국책에 순응하야 사
변(만주사변)종식시까지 도서관신축을 무기연기하기로 결정하였
다고 한다.[26]

　확인된 사실만으로 재정리하여 보면, 우리 땅에서 첫 도서관의 시
작은 일본홍도회 부산지회가 부산에 독서구락부 도서실을 설치하
여 홍도도서실이라 명명한 1901년에 출발하여, 1911년 사립부산교
육회에서 승계하여 도서관이 용두산 중턱에 신축되어 1912년 개관
하였으며, 1919년 4월에 운영 주체가 부산부로 이관되면서 부산부
립도서관이 발족되었고, 1938년 도서관에 불이 나 옛 용두산 건물
로 다시 옮겨졌다가 해방을 맞은 1945년 부산시립도서관이 동광동

〈그림 19〉 1934년 발행 『신부산대관』에 실린 부립도서관

에서 공식 출범하였다는 것이다.

이와 같이 부산부립도서관을 발족한 부산부는 조선 후기 초량왜관의 관수가 자리에 1873년 일본초량공관이 발족되어 1938년 화재로 없어지기 전까지 일본부산관리관청(1876년), 부산일본영사관(1880년 4월), 부산이사청(1906년), 부산부청(1910년), 부산부립도서관(1937년)으로 사용되었는데, 1879년 관수가 건물을 헐고 일본부산관리관청 건물을 새로 세운 이후 60년 만에 화재로 소실된 것이다.

다음은 1911년 신축된 부립도서관의 사진과 부립도서관이 표시된 지도들이다.

〈그림 20〉 1923년 발행 「부산상업지도」의 부산도서관 - 용두산 중턱에 釜山圖書館이 표기되어 있다.

〈그림 21〉 1924년 발행 「부산지도」의 부산도서관 위치 - 용두산 중턱에 도서관(圖書館)이 표기되어 있다.

〈그림 22〉 1927년 발행
「개정부산안내지도」의 부산도서관
- 용두산 중턱에 '文'이라는 표기와 함께
도서관(圖書館)이 표기되어 있다.

〈그림 23〉 1930년 발행
「부산부직업안내도」의 부산도서관
- 용두산 중턱에 도서관(圖書館)이
표기되어 있다.

〈그림 24〉 1931년 발행 「부산부전도」의
부산도서관 - 용두산 중턱에 부립도서관
(府立圖書館)이 표기되어 있다.

〈그림 25〉 1934년 발행 「부산지도」의
부산도서관 - 용두산 중턱에 도서관(圖書
館)이 표기되어 있는데 건물의 외관을
짐작할 수 있는 표기도 보인다.

〈그림 26〉 1936년 발행 「부산부시가도-남부」의 부산도서관 - 용두산 중턱에 도서관(圖書館)이 표기되어 있다.

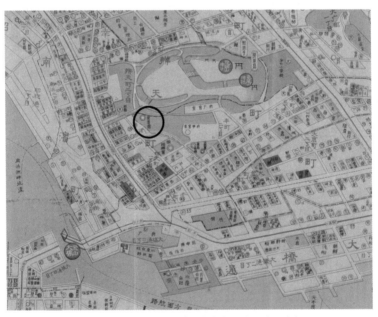

〈그림 27〉 1938년 발행 「부산안내도」의 부산도서관 - 용두산 중턱에 도서관(圖書館)이 표기되어 있다.

4

부산시립도서관

1945년 해방과 함께 일제에 의해 운영되었던 부산부립도서관이 우리의 손으로 넘어왔지만 해방 직후 행정 공백으로 인하여 도서관을 휴관하여 오다가 1945년 12월 25일 재개관하였다. 그런데 이날은 마침 크리스마스였다. 우리나라에 크리스마스가 들어온 것은 1884년으로 서양 선교사에 의해 들어와 이듬해부터 확산되기 시작하였다. 1945년 독립을 하게 되면서 미군정에 의해 크리스마스가 처음으로 공휴일이 되었으나 도서관 재개관 당시는 공휴일은 아니었던 것 같다. 1949년 제1공화국에서도 크리스마스를 공휴일로 제정하면서 오늘날까지도 이어져 오고 있다.

1948년 8월 15일 대한민국정부가 수립되었고, 부산은 새로운 행정 체제 속에서 1949년 8월 15일 부제(府制)가 시제(市制)로 개칭되어 비로소 부산시가 되었다. 부산부립도서관 역시 1949년 8월 15일에서야 부산시립도서관으로 변경되었다.

재개관 이후 용두산공원 중턱에 자리 잡고 있는 도서관 건물은 노후로 인하여 본관 옆에 있는 서고가 넘어져 무너지고 본관 역시 무너짐에 따라 도서관 사용은 불가능하게 되었다. 이에 대체되는 건물을 찾는 것이 큰 사회적 문제로 대두되었다.

게다가 일본의 항복으로 일본인은 각자 본국으로 돌아가게 되었고, 일본인이 독점한 큰 건물은 해방으로 사회가 혼란한 틈을 타서 생겨난 정당 단체들이 점령하여 사용하고 있어서 도서관 건물을 찾는 일은 쉬운 일이 일이 아니었다.

당시에 적당한 건물은 현 시교위청사와 별관 창고밖에 없었으므로 이 건물로 이전하게 되었다. 별관인 창고는 개조하여 1층은 서고와 사무실로, 2층은 관장실과 서고와 열람실로 하였다. 본관은 상·하층 열람실과 일부 사무실로 하였다.

1950년 6·25전쟁이 발발하자 본관은 미 헌병대에서 청사를 징발당하여 휴관하였으므로 또다시 공백기를 가지게 되었다. 그런데 6·25 직후에는 각급 학교가 임시 휴교를 하게 되어 학생들이 공부하기 위한 장소는 우선 도서관밖에 없었으므로 학생들의 도서관 개관에 대한 절규는 대단하였다. 부득이 미 헌병대는 철수하게 되고 본관은 다시 전면 개관하게 되었던 것이다(여기에 대한 문서로 된 자료가 없으므로 당시의 도서관장인 문치언 씨의 구두전에 의한 것임).[27]

부산시립도서관은 1953년 12월 정부 환도와 더불어 일부 건물과 별관을 사용하였으며, 그 후 본관 2층은 시교위에서 사용하게 되었고 1층은 도서관열람실로 사용하였다. 1954년 11월 3층을 증축하여 이전함으로써 비로소 1, 2층 전부를 시립도서관으로 사용하여 개관하였다.

도서관을 시교위청사 건물로 이전할 당시 본관은 일제강점기 미쓰이물산(三井物産) 건물로서 서부청년회에서 사용하고 있었으며, 별관 창고는 고뢰합명회사(高賴合名會社)의 직물창고로서, 신한공사[일제시기 동양척식주식회사(일명 동척, 東拓)]에서 사용하고 있었다. 그래서 이 건물을 도서관으로 사용하는 것이 그다지 쉬운 일이 아니었다. 부산시장 및 적산관리처 등 관계요로(關係要路)에 진정하여 여론을 환기하는 한편, 적산관리청에 대해서는 건물 명도소송(建物明渡訴訟)을 제기하여 승소함으로써 이 건물을 도서관으로 사용하게 되었던 것이다. 당시 이 건물에 도서관을 이전할 때 무장 경관의 호위하에 진행하였다 한다.

이 건물을 사용하고 있던 서부청년회는 1920년의 초기 문화운동의 주된 실행기관 중의 하나였다. 당시의 문화운동은 '신문화건설'을 주창하였으며, 신문화건설의 방법론으로서 제시된 것은 신교육보급·수양·풍속개량·농촌개량의 네 가지였다. 1919년 말부터 1921년 사이 전국 각지에서 청년회 설립 붐이 일어나 청년회는 엄청난 수로 증가하였고, 당시 청년회는 '청년구락부', '청년수양회' 등의 각종 명칭으로 조직되고 있었다.

이 시기 조직된 청년회는 대체로 이른바 각 지역의 '유지청년'들에 의해 주도되었지만, 일부 청년회는 3·1운동에 참여한 청년들이 주도한 경우도 있었다. 따라서 이들 청년회 가운데 일부는 겉으로는 '수양'을 내걸고 속으로는 대중들의 민족의식을 고취시키는 경우도 있었다.

청년회 운동은 1921년 초에 들어서면서 주춤하기 시작하여 점차 그 활동이 침체 상태로 들어갔다. 활동 부진에는 여러 이유가 있었지만 가장 중요한 문제는 주도층에 있었다. 당시 청년회를 이끌었던 주도층은 이른바 '유지청년'들로서 그들은 청년운동에 대한 확고한 전망이나 의지도 없이 분위기에 휩쓸린 지식청년들이거나, 아니면 청년회장 등 명예를 탐낸 지방유지들이었던 것이다. 따라서 그들은 '가짜 지사, 가짜 신사(假志士 假紳士)'로 비판받기도 하였다. 1923년 봄 각지의 청년회에서 혁신운동이 일어나고, 청년회 운동은 실력양성 · 수양 · 구습개량 등의 '문화운동'에서 벗어나 사상운동, 노동 · 농민운동 쪽으로 방향을 전환하고 있었다.

어쨌든 이러한 단체를 밀어내고 도서관을 이전하려 하였다면 무장 경관의 호위를 받을 수밖에 없었을 것으로 짐작된다.

부산시립도서관은 이렇게 어렵사리 도서관 건물을 불하받았을 뿐만 아니라 1950년 한국동란이 발발하기 전까지 우리나라 도서관을 정상화하기 위한 조선도서관협회의 노력에 발을 맞추어 도서관에서도 적극적으로 우리 도서관을 세우기 위해 활발히 노력하였음을 엿볼 수 있다.

해방 이후 조선도서관협회(이하 도협)는 일제가 경영하던 도서관 자료를 인수하고 도서관을 불하받아 도서관 장서를 우리나라 분류표와 목록법을 편찬하는 것이 급선무였고, 그것에 의하여 정리를

▶ 부산시립도서관은 부산시교육위원회와 건물을 같이 사용했다.
(현 동광동 반도호텔 자리) (1945. 12∼1963. 7)

〈그림 28〉 동광동 부산시립도서관. 사진 설명에 나오는 동광동
반도호텔 자리는 부산호텔 자리의 오기이다. 시립도서관이
부전동으로 이전한 뒤 이곳에 신탁은행이 들어섰다가 이후
부산호텔이 자리했다.

〈그림 29〉 1959년 동광동 2가 12번지 소재 부산시립도서관

〈그림 30〉 1959년 부산시립도서관의   〈그림 31〉 1959년 직원 일동
서고 모습

했어야 했다. 그래서 도협은 현직 각급 도서관원의 교육을 위하여 국립도서관과 공동으로 1950년까지 3회에 걸쳐 단기 강습회를 개최하게 되었다.[28]

강습회 명칭은 도서관사업강습회였고, 장소는 국립도서관학교 강당이었다.

제1회는 국립도서관 주최하에 도협, 문교부교화국, 문교부성인교육국 후원으로 1947년 4월 22일부터 4월 30일까지(9일간, 수강시간 42시간) 개최되었는데 이때 부산부립도서관에서도 1명이 수강하였다.

제2회는 도협 주최하에 국립도서관 후원으로 1948년 10월 12일부터 10월 16일까지(5일간, 수강시간 19시간) 개최되었고 부산부립도서관에서 3명이 수강하였다.

도협, 국립도서관 주최하에 문교부문화국 후원으로 1949년 10월 20일부터 10월 26일까지(7일간, 수강시간 미상) 개최된 제3회 강습회에는 부산시립도서관에서 2명이 수강하였다.

부산시립도서관의 해방 후 역대 도서관장의 명단은 다음과 같다.

<표 2> 해방 후 역대도서관장의 명단

姓　　名	在　任　期　間	備　　考
李　　某	1945年부터 1年間	東三國民學校에 赴任後 死亡
文 致 彦	4年間	現在 自由業
李 宗 和	自 1950. 11. 30 至 1953. 4. 1	現在 辯護士 開業
朴 相 培	自 1953. 6. 20 至 1960. 1. 26	現在 實業人
金 鍾 文	自 1962. 9. 15 現在에 至함	

위의 표를 보면 해방 후 역대 도서관장의 명단에서 초대 관장은
李某 씨이다. 1945년부터 1년간 도서관장을 역임하였으며, 동삼국
민학교에 부임 후 사망한 것으로 기록되어 있다.

마찬가지로 부전도서관에서도 제1대, 제2대 도서관장이 다음과
같이 기록되어 있다.

<표 3> 역대도서관장

역대	도서관장명	재 임 기 간	비 고
제1대	이 某	1945 ~ 1년간	
제2대	문 치 언	1946 ~ 4년간	

역시 제1대 도서관장은 '이 某' 씨로 기록되어 있다.

그런데 1959년 발행된 『부산교육지』에 의하면 해방 후 시립도서관 역대관장은 다음과 같다.

〈표 4〉 『부산교육지』(1959) 152쪽에 실린 부산시립도서관 역대관장(해방 후)

직위	성명	근무기간	근무년수
관 장	이 홍 구	단기 4279년(1946) ~ 4281년(1948)	만 1년
관장서리	문 치 언	단기 4281년(1948) ~ 4284년(1951)	만 4년
//	이 종 화	단기 4285. 9. 16(1952) ~ 4286. 4. 16(1953)	만 7개월
//	박 상 배	단기 4286. 9. 15(1953) ~ 4292. 1. 19(1959)	만 4년 4개월
현재 공석 중			

이상에서 해방 후 부산시립도서관의 초대 도서관장은 이홍구 씨로 추적할 수 있다.

다음은 시립도서관 직원들의 명단이다.

〈표 5〉 『부산교육지』(1959) 152쪽에 실린 부산시립도서관 직원

부 서	직 명	성 명	부 서	직 명	성 명
서무계장	사 서	김 종 문	도서사무	임시서기	이 호 인
서 무	서 기	조 희 장	//	//	박 학 영
//	임시서기	김 구 화	//		서 교 무
용 인	전 달 부	김 삼 팔 십	//	//	강 선 구
도서계장	사 서	손 수 인	//	//	황 태 근

도서사무	비 서	김 홍 식	//	//	이 정 방
//	서 기	신 장 환	//	//	장 세 세
//	임시서기	최 정 식			

　　1959년 당시 서무계장이었던 김종문 사서는 1962년 9월 15일 부
산시립도서관장을 역임하였으며 1963년 부산시립도서관을 신축하
였고 1969년『부산시립도서관약사』를 편찬하기도 하였다.

부산시립도서관에서 부산광역시립 부전도서관으로

부산의 공공도서관 역사는 우리나라 최초의 근대공공도서관 발원지로서 1901년 일본홍도회 부산지회의 서적실(홍도도서실)에서 시작하여 120여 년의 장구한 도서관 역사뿐만 아니라 도서관 건물의 역사와 함께 다소 복잡하다. 그 중심축에 또한 부전도서관이 뿌리를 내리고 있는 것이다.

1

부산시립도서관 신축

해방이 되고 한국동란을 겪으면서 부산시립도서관은 마땅히 갈 곳이 없었다. 우여곡절 끝에 부산시교육위원회 청사의 별관 창고를 개조하여 셋방살이(함께 사용)를 하게 되었는데, 1층은 서고와 사무실로, 2층은 관장실과 서고와 열람실로 하였다. 본관은 상·하층 열람실과 일부 사무실로 하였으니 협소하기가 이루 말로는 다할 수 없었을 것이다.

"舊圖書館建物은 시설의 미비와 열람실 협애, 별관인 서고는 全然 日光이 들어오지 않는 濕氣充滿으로 도서의 腐蝕하기 쉬운 상황은 도서관에 대한 관심있는 인사로서는 目不忍見의 현상이었다. 향학열에 불타는 젊은 學徒들은 이 비좁은 도서관에 殺到(쇄도)하여 아침마다 장사진을 이루고 있는 모습은 보는 사람으로 하여금 안타까운 마음을 禁치 못하는 실정이었다."[1]

〈그림 32〉 1959년 부산시립도서관 제1열람실　　　〈그림 33〉 1959년 부산시립도서관 제2열람실

즉 도서관은 시설이 부족하고 열람실도 좁으며 서고는 전혀 채광이 되지 않아 습도가 높아서 책이 곰팡이가 슬기 쉬운 상황이라 도서관에 관심이 있는 사람이라면 차마 두 눈 뜨고는 볼 수 없는 상황이라는 것이다. 이로 미루어 보아 곧 곰팡이가 슬어서 일부 버린 책도 있었다고 짐작할 수 있다.

당시의 향학열에 불타는 젊은 학도들은 이 비좁은 도서관에 쇄도하였고(〈그림 32〉, 〈그림 33〉)[2] 아침마다 장사진을 이루고 있는 모습은 보는 사람으로 하여금 안타까운 마음을 금치 못하는 실정이었다. 게다가 도서관 내용의 불충실, 예산 규모의 빈약, 도서관에 대한 일반사회의 인식 부족 등으로 도서관 본래의 기능을 발휘하지 못하는 실정이었기 때문에 시립도서관이 유명무실한 존재라는 것으로 혹평하는 것도 당연하다 하겠으나 아마도 도서관 직원들로서는 너무나 답답하고 억울한 상황이었을 것으로 판단된다.

부산은 국제 항구도시로서 인구는 날로 더욱 증가하고 있었으며, 또한 교육시설은 급격하게 발전하고 학생층은 물론 일반 시민의 도서관에 대한 인식도 점점 높아졌다. 따라서 도서관 이용자는 증가 일로에 있었다. 도서관의 이전 신축론이 대두되는 것은 당연한 수순이었고, 도서관 신축은 온 시민의 숙원이었다.

부산시립도서관 신축을 전후하여 부산의 상황을 보면 해방 직후인 1945년 인구는 362,920명에서 10년 뒤인 1955년에는 1,049,363명으로 처음으로 100만 명이 넘었다. 부산직할시로 행정직제가 변경된 1963년에는 1,360,630명으로 급격히 팽창하였음을 알 수 있다. 교육과 문화뿐만 아니라 산업 등 모든 영역에 걸쳐 서울 다음가는 대도시로 변모되었다. 이에 도서관 신축을 둘러싸고 있는 배경도 대규모 도서관 신축은 불가피한 숙제였다.

1960년 민주당 정권 시대에는 〈그림 34〉에서와 같이 당시 상공회의소(일제강점기 삼중정 건물, 현 롯데백화점 광복점)에 이전 계획설이 대두되었으나 실현되지 못하였다.

1961년 5·16 군사혁명 후 도서관신축 이전 문제는 급격히 대두되었다. 당시 변재갑(卞在甲) 부산시장의 슬기롭고도 용기 있는 결단으로 1962년 부산시 예산에서 6천만 환³을 회계 처리하여 신축을 계획하게 되니 부산시민의 십여 년의 숙원이 그제야 실현된 것이다.

1962년 4월 20일 육군준장 김현옥 씨가 시장으로 부임한 후부터는 신축 추진에 박차를 가하여 '도서관신축추진회'를 조직하여 5차의 협의 결과 규정을 제정하고 위원을 위촉하였으며, 신축 후보지를 선정하고, 신축 건물을 설계하는 등 1962년 9월 착공을 목표로 본격적인 활동을 개시하였다.

〈그림 34〉 1960년대 초 중구 원도심 지도
– 부산상공회의소, 경찰국, 시청이 표기되어 있다.

　부산부립도서관신축위원회 규정에는 이상적이며 활용도가 높은 도서관 시설을 갖추기 위하여 건물설계와 공사전반에 걸친 자문기관으로 부산시립도서관신축위원회를 두었고, 부산시장이 위원장이 되고, 부위원장은 부시장이 되었으며 위원은 건축설계와 도서관 운영에 조예가 깊은 인사 중에서 시장이 위촉한다고 하였다.

　부산시립도서관신축위원회 위원에는 동아대학교 김택진, 한근배 교수, 부산대학교 도영주 교수, 이종수 설계사무소 이종수, 오주설계사무소 류광택, 부산시 관련 국과장 5명, 부산대학교도서관 문치언 도서과장, 경남고등학교 도서관 김두홍, 부산고등학교 도서관

조재후, 추가위원 황룡주 부산일보 주간과 신문방송국장 5명, 마지막으로 국민재건운동시촉진회 강재호 회장이 위촉되었다.[4] 부산대학교 문치언 도서과장은 해방 후 단기 4281~4284년(1946~1949년)까지 4년간 부산시립도서관 관장서리로서 2대 도서관장을 역임하였다.

이처럼 부산시립도서관은 부산시가 직할시로 승격한 1963년 첫 사업으로 도서관 목적용 공공건물을 건립하게 된 것으로, 부산의 1세대 건축가에 의해 순수 모더니즘 건축양식으로 만들어졌으며, 당시의 공공도서관 양식을 그대로 보존하고 있다.[5]

부산시립도서관은 1962년 9월 1일 착공하여 이듬해인 1963년 7월 25일 준공되었고 1963년 8월 5일 월요일에 준공 및 개관식을 거행하였다. 개관 후 바로 1963년 8월 15~21일 일주일간은 용두산공원 내에 이동도서관을 최초로 설치하여 이전 도서관이 있던 동광동에서 신축 개관을 시민과 함께한 것 또한 뜻깊은 일이 아닐 수 없다.

우리나라의 7월과 8월은 한여름이고 장마가 빈번한 우기이다. 1963년 8월도 한 달 내내 거의 비와 소나기, 짙은 안개와 천둥 번개를 동반하는 전형적인 여름 날씨였다. 그런데 희한하게도 8월 5일은 며칠 되지 않는 맑은 날씨를 기록하고 있었다.[6] 아마도 하늘도 축복한 날이 아닌가 싶다.

바로 그날 부산 부전동에서는 윤태림 문교부(지금의 교육부) 차관을 비롯하여 부산대학교 총장, 동아대학교 총장, 부산시장, 부산시

각 국장, 경남도 교육국장, 각 단과대학장, 부산시 각 기관장, 시내 일간신문사 사장, 방송국장, 시내 저명인사, 한국도협회장, 서울남대문도서관장, 시내 주요 기업체의 장, 각 중·고교 교장, 각 초등학교 교장, 각 중·고등학생 50명, 합창단(경남여자고등학교), 주악대(금성고등학교)와 같은 귀빈들을 모시고 십여 년 동안 부산시민의 숙원과 바람을 담은 부산시립도서관의 개관식을 가졌던 것이다. 실로 감개무량하지 않을 수 없었다고 하며 개관식은 성황리에 이루어졌다.[7](〈그림 35〉, 〈그림 36〉)

최칠호 부산시공보실장이 사회를 보았으며, 김종문 부산시립도서관장의 개식사를 시작으로 개관식의 막이 올랐다. 특이한 것으로 김덕엽 부산시 내무국장(후에 15대 부산시장 역임)의 혁명공약 낭독이 있었다. 이어서 오복근 부산시 교육국장(부산직할시 민선 초대교육감 역임)이 '시립도서관연혁 및 준공경과보고'를 하였으며, 윤태림 문

〈그림 35〉 부산시립도서관 부전동청사신축 개관(1963. 8. 5.)

〈그림 36〉 부산시립도서관 개관식(1963.8.5.).
하복을 입은 경남여고 합창단

교부차관의 치사(致辭), 김현옥 부산시장의 식사(式辭), 신기석 부산
대학교 총장의 축사, 그리고 열람자대표 김세일의 사사(謝辭, 사례의
말)이 있었다. 그리고 부산시장이 남광토건사장에게 감사장을 수여
하였으며, 열람자대표가 부산시장에게 꽃다발을 증정하였다. 경남
여자고등학교 합창단이 〈시민의 노래〉를 힘차게 합창하였으며, 마
지막으로 정재환 부산시 교육회장의 만세삼창이 있었다.

  〈시민의 노래〉에 얽힌 일화가 있다. 부산시에서는 1963년 직할
시 승격을 앞두고 1962년 당시 이를 기념해 130만 시민이 너도나도
높이 부를 〈시민의 노래〉를 제정하여 발표하였다. 현상모집에서는
응모작품 98편 중 당선작이 없어서 8월 3일 경남문인협회에 위촉
하여 제작된 것으로, 당시 경남문인협회 사무국장이었고 1957년 경
남도민의 노래 공모에서 1등으로 당선되기도 한 이동섭 시인이 작

시한 〈시민의 노래〉(〈그림 37〉)
로 제정하여 발표하였고, 부산
대 교수로 2000년 11월 21일
78세를 일기로 세상을 떠난
작곡가 이상근 선생이 작곡하
였다. 당시에 경남여고 합창단
이었던 어느 선배의 말에 의하
면 그때 음악 선생님은 제갈삼
선생님이었고, 이상근 작곡가
선생님이 직접 오셔서 합창 연
습 지휘를 했다고 한다.

〈그림 37〉 〈부산시민의 노래〉
(출처: 국제신문. 1962년 8월 18일 자 8면)

이동섭 시인은 우리 부산을 눈부신 요람이라고 하였고 날빛마저
도 먼저 와서, 꿈을 펼치고 살기 좋은, 그리고 마지막 구절에는 점
지받은 땅이라고 노래하였다. 우리 부산은 이런 곳이다. 1963년 이
런 곳에, 그중에서도 또다시 점지받은 서면 부전동에 부산시립도서
관을 신축하여 이전 개관한 것이다. 그날은 경남여자고등학교 합
창단의 꾀꼬리 같은 목소리로 힘차게 부산시민의 노래가 온 누리에
널리 울려 퍼졌다.

1. 오륙도 굽이치는 검푸른 자락
    여섯 뭍 다섯 바다 잇닿은 물결
    끊임없이 넘나드는 눈부신 요람

날빛마저 먼저 오라 내 고장 부산
날빛마저 먼저 오라 내 고장 부산

2. 활짝 핀 이 아침에 명랑한 가슴
   어울려 사랑으로 꽃이 된 둘레
   거리마다 우렁차게 노래는 높고

   꿈을 펼쳐 살기 좋은 내 고장 부산
   꿈을 펼쳐 살기 좋은 내 고장 부산

3. 두 어깨 뛰는 힘줄 정열도 끓어
   복된 일 영광 위해 건설의 일꾼
   아세아 동방의 문 드높이 열고

   점지받은 땅이로다 내 고장 부산
   점지받은 땅이로다 내 고장 부산

김현옥 부산시장은 축사에서 도서관이 시민의 문화센터가 되고
지식연마의 전당이 되기를 염원하였으며, 우리 문화의 발전과 인류
문화의 향상에 기여할 수 있는 위대한 희망을 향해서 전진하는 요
람이 되어 주었으면 하는 간절한 마음을 담고 있었다. 또한 도서관

은 시민의 대학이며, 이를 통해서 형설의 공을 쌓고 청운의 뜻을 피우기를 기원하고 있었다.

부산시립도서관은 60년의 장구한 역사와 잇닿아 있는 전통을 가졌고, 해방 후 오늘날까지 부산의 교육 · 문화 · 행정상의 귀중한 위치를 차지하고 있음에도 불구하고 열람 시설은 비좁고 장서도 보잘것없어서 청소년들의 불타는 향학열과 연구학도들이 진리 탐구를 위해 정진하는 데도 제 기능을 충분히 발휘하지 못하는 상태로 방치되어 왔음을 못내 안타까워하였다.

우리들은 언필칭 국방제일, 치안제일, 산업제일을 운운하며 말하지만 그보다도 더 본인에게 봉사할 수 있는 굳센 용기를 북돋아 준 것은 도서관 앞에 장사진의 줄을 지어 개관시간을 기다리는 우리 청소년 학도들의 줄기차고 늠름한 모습이었고, 여기에 향학에 불타는 우리의 다음 세대가 있다는 것은 얼마나 희망에 찬 아름다운 광경인가 하는 것을 몇 번이고 느꼈다고 했다. 그러면서 과학을 탐구하고 문화를 찾으려는 순결한 이분들의 소망을 이루어 주어야 하겠다고 하는 데서 시작되어 오늘 이 낙성식이 마련되고 개관식이 거행되었다는 것은 실로 감명깊은 일이며, 앞으로 이 도서관이 시민 여러분의 문화의 센터가 되고 지식연마의 전당이 되어 우리 문화의 발전과 인류문화의 향상에 기여할 수 있는 위대한 희망을 향해서 전진하는 요람이 되어 주었으면 하는 마음 간절하다고 축사를 하였다.

〈그림 38〉 1963년 8월 5일 개관한 부산시립도서관

　신축한 부산시립도서관의 면적은 처음에는 연건평 735평 7합 5
작(약 2,430m²)이며, 부지는 1,500평(약 4,960m²) 정도였는데, 1965년
도서관 뒤편에 소재한 사단법인 부산시 마사회와 그 옆에 주둔하고
있던 군부대 사용지가 전부 시유지로 불하된 것을 계기로 도서관
부지가 1,243평 9합(약 4,109m²)으로 축소되어 확정되었다.[8]

　시설상황을 보면 아동실, 학생실, 성인실, 여자열람실이 있었고,
하층홀 열람실, 정간물실, 참고실, 시청각실, 상하층서고, 기타실이
있었다. 전체 열람좌석수는 350석 정도였으나 도서관 이용자가 격
증함에 따라 건물 내의 공간을 최대한으로 이용하여 점차 시설을
개선하여 800여 석으로 확충하였다.

　드디어 부전동 시대가 활짝 문이 열렸고, 1978년 구덕도서관과
반송도서관이 개관하기 전까지는 부산 유일의 공공도서관이었으며
바로 '부산시립도서관'이었던 것이다.

1978년의 부산도서관과
부전도서관의 탄생

2.1. 도서변상사건

　부산시립도서관은 1978년 부산시립 부산도서관으로 관명이 변경되기 전에 어마어마한 광풍에 휩쓸리게 되는데 이른바 1970년대 중반에 있었던 '도서변상사건'[9]이다. 우리나라 현대 공공도서관사에 나타난 하나의 경이적인 경험이면서, 현장 사서들의 일상적인 의식 세계를 지배하고 있는 사건이라고도 볼 수 있다.

　도서변상사건은 1976년에서 1977년에 걸쳐 도서관의 책 분실이 문제가 되어 거액의 현금 변상과 함께 결국에는 관장이 해임되고, 관장은 지방서기관으로 보한다는 규정으로 바뀌게 되어 사서가 관장이 되는 것이 원천 봉쇄되어 버린 사태로까지 이어지게 된 일련의 사건을 말한다. 이후 부산시립도서관은 우리나라 최초의 근대적 공공도서관으로서 전국적인 지명도를 갖고 있는 도서관이라고 볼 수

있으며, 비단 이 사건은 부산지역에만 국한된 사건이라기보다는 전
국에서 크고 작은 규모로 발생하였던 것으로 한국 공공도서관사에
한 획을 긋는 사건이라고 보아도 별 무리는 없을 것이다.

또한 지금도 이 사건은 이를 경험했던 '고참' 사서들의 사고와 행
동의 틀에 일정한 선을 그어두고 있으며, '신참' 사서들에게는 구전
을 통한 전설이 되어 남아 있다[10]는 것이다.

당시의 부산시립도서관장은 부산 최초의 사서이자 역대 도서관
장 중 가장 오래 재임한 김종문 관장이었는데, 도서변상사건이라는
역대급 태풍을 맞으면서 해임이 되는 불운을 겪게 되었다. 김종문
관장은 1962년부터 1976년까지 부산의 공공도서관과 부전동 도서
관의 기틀을 세웠는데, 1958년 10월 31일부터 1960년 7월 26일까
지 부산시립도서관 서무계장으로 근무하다가 1962년 9월 15일 도
서관장 서리에 임명되었고, 1963년 12월 19일 제5대 관장으로 임명
되었다.

김종문 관장은 부산시립도서관에 오랫동안 재임하면서 『부산시
립도서관 관보』 제1호(1965), 『부산시립도서관약사』(1969), 『장서목
록』(1970), 『도서해제』 제2집(1970), 『도서관일람』(1971) 등을 발간하
며 부산 근현대 도서관의 발전 과정을 기록으로 남기기도 하였다.[11]

1976년 9월 16일을 기해 14년 남짓 관장으로 재직해 오던 김 관
장이 물러나고 이성호 관장이 부임하게 되는데, 도서변상사건은 바
로 이때의 관장 업무의 인수인계 과정에서 불거져 나오게 된 것이
다. 당연한 업무인수인계 수순이었으나, 그것이 불러온 파장은 관

장과 열람과장의 해임과 역대급 변상사건으로 전해지고 있는 것이다. 이 사건은 교육청을 거쳐 감사원에까지 보고되고, 분실 도서에 대한 변상과 관장 해임이라는 징계 과정을 거쳐 일단락되지만, 사건 관계자들은 물론 전국의 도서관계에 적지 않은 파장을 불러일으키며 한국 공공도서관사의 한 페이지를 장식하게 된다.

그렇지만 이 도서관이 걸어온 길을 돌이켜보면, 도서관의 장서가 '도서대장'과 정확하게 일치한다는 것은 현실적으로 불가능에 가깝다는 점에 주목할 필요가 있다. 이 도서관의 역사는 1901년까지 거슬러 올라가며, 장서 목록은 일제시대부터 이어져오고 있다.[12]

부산시립도서관을 신축할 필요가 대두된 당시에도 우려가 되었듯이 도서관 사정은 매우 열악하였고, 서고는 채광이 되지 않아 습도가 높아 일부 책이 곰팡이가 슬었을 수도 있고 폐기되었을 수도 있는 상황이었다는 것이다. 이처럼 이 도서관은 도서 변상 사건이 일어난 1970년대 중반에 이르기까지, 해방 정국의 혼란과 수백만의 생사가 엇갈린 전쟁을 비롯한 숱한 행정의 공백기가 있었으며, 이러한 역사의 골마루를 겪어오는 동안 그 장서는 온전할 리가 없는 상태라고 보아야 한다. 또한 장서 관리 체계도 충분히 성숙하지 않은 상태였으며, 따라서 이 도서관의 장서 문제는 어떤 식으로든지 한번은 점검되어야만 할 문제였던 것이다.

다음의 증언은 당시 부산시립도서관을 비롯한 공공도서관 장서의 실상이 어떠했는가를 보여주는 하나의 단면이라고 볼 수 있다. 논문을 쓴 저자가 일일이 면담을 통하여 기록한 내용을 재인용한

진술들이다.

　　한때는 국립중앙도서관에 가니까 장서인이 여러 개 찍혀 있는 책
이 더러 보였는데 그중에는 부산시립도서관 도장이 찍힌 책도 있
어서 몇 권을 가져온 적이 있다. 그 사람들[국립중앙도서관 직원]
말로는 고서방에서 샀다고 했다. 그러나 내가 알아보니 6.25 때 도
서관의 책을 몇 트럭이나 고서방에 종이 값으로 팔아먹었다고 한
다. 실제로 보수동 고서점에도 우리 책이 많이 나왔으나 다시 돈
주고 사는 수밖에 없었다.[13]

　　그러나 이런 실정을 뒤로 한 채 감사는 냉혹하고도 엄정하게 진행
되었던 것으로 보인다. 증언에 따르면 "교육청의 감사계 직원들과
당시만 해도 '잘 나가던' 학교도서관 직원들이 시립도서관의 장서
를 며칠에 걸쳐 하나하나 점검"했으며,[14] "감사원에서 목록 카드뿐
만 아니라 책 권수를 세기도 했다"[15]고 한다. 이런 상태에서의 감사
결과는 자명할 수밖에 없으며, 일의 의도성에 대한 혐의마저 짙게
풍기고 있다. 어쨌든 감사 결과 엄청난 양의 도서가 분실된 것으로
드러났으며, 분실된 도서에 대해 모두 현물 변상하라는 지시가 떨
어지게 되었다. 그러나 그 당시의 도서 유통 구조 등을 감안한다면
분실 도서에 대한 현물 변상이란 현실적으로 불가능에 가깝다고
보아야 할 것이다. 이 사건으로 인해 도서 분실에 대한 일차적 책
임이 있는 열람과장의 고통은 이만저만한 것이 아니었다.

부산이고 서울이고 할 것 없이 다 돌아 다녔지만 같은 책을 구하지 못했다. 책값 때문에 서울에서 올라가라 내려가라….[16]

이런 일이 있은 지 얼마 후 감사원에서는 현물변상이 불가능하다면 시가대로 변상하라는 재결정이 내려지게 된다. 규정에 따르자면 시가의 2배 변상이 원칙이지만 정상이 참작되어 시가 변상을 하게 된 것이라고 한다. 그러나 그 액수는 엄청난 것이었다.

총 300만 원 중에서 김○○ 관장이 100만 원을 변상하고 내가 200만 원을 변상했다. 열람과장이었기 때문이었다. 당시 월급이 4만 원 정도였으니 얼마나 큰돈인지 짐작이 갈 것이다. 월급 받아봐야 뭐 떼고 뭐 떼고 집세 내고 물세 내고, 남은 것으로 이자 갚고 그랬다.[17]

어쨌든 1년 가까이 끌어오던 도서변상사건은 김 관장이 해임됨으로써 일단락되었다. 김 관장은 도서 분실의 책임과 다른 일이 겹쳐 직위해제 되었으나 100만 원을 변상하고 복직되었다. 그러나 얼마 안 있어 결국 권고사직 형태로 감원 대상이 되었다.[18]
또한 당시의 부산시립도서관의 인사이동을 보면 사태의 긴박함과 심각성을 유추할 수 있다.

1962년 9월 15일: 제5대 김종문 관장 취임

1976~1977년: 분실도서 변상과 관장 해임(김종문 관장 취임 14년이
된 해)

1976년 9월 17일: 제6대 이성호 관장 취임

5개월 16일 후인 1977년 3월 2일: 제7대 김종문 관장 취임

그로부터 불과 17일 후인 1977년 3월 19일: 고성옥 열람과장 도서
관장 직무대리

그로부터 불과 35일 만인 1977년 4월 22일: 송규식 교위 서무과장
도서관장 직무대리

1978년 3월 10일: 제8대 송규식 관장 취임

1980년 8월 20일: 제9대 이성호 관장 취임

그렇다면 이 사건이 한국 공공도서관사에서 최대의 도서변상사
건으로 꼽힐 수 있는 사건의 성격을 어떻게 규정할 수 있을까. 우선
이 사건을 단순히 소장자료의 분실에 따른 책임자의 문책과 변상
사건으로만 보기에는 몇 가지 석연치 않은 구석이 있다[19]는 것이다.

첫째로 들 수 있는 것은 앞에서 이야기한 것과 같이 감사 과정에
서 이 도서관 장서의 사회사에 관련된 여러 가지 정황에 대한 고려
가 없었다는 점이다.

둘째는 변상금의 액수가 엄청났고, 특히 징계 문제에 있어서는 관
장에게 주로 초점이 맞추어져 있는 등 관장과 열람과장 두 사람에
게 모든 책임이 돌아갔다는 점이다. 어찌 되었든 이 사건은 한국 공
공도서관사를 통틀어 변상금 규모가 가장 큰 사건이었으며, 책 분

실이 문제가 되어 관장이 파면당한 유일한 사건으로 기록되고 있기
도 하다.

이 사건의 성격에 대해 당시 사건의 핵심에서 피해 있으면서도 가
장 가까이서 이 사건을 지켜본 P 전 부산시립도서관 열람과장은 이
를 두고 다음과 같이 잘라 말하고 있다.

도서변상사건은 행정에서 관장 빼앗기 위한 정치적인 문제였다.[20]

이러한 반응은 여러 증언과 당시의 정황을 종합해 보면 상당한
설득력이 있다. 이를 뒷받침하는 것으로 관장 임용을 규정하고 있
는 조례가 1952년 1월 1일 '관장에 사서관을 보한다'고 규정되어
있는 것이다. 그러나 곧이어 이 조례는 1962년 5월 20일 '관장에 사
서관보를 보한다'로 규정이 바뀌게 된다. 그렇지만 이 규정은 1976
년 1월 7일과 1978년 1월 6일을 거치면서 '사서직 관장 보임' 규정
이 슬그머니 빠져버리며 급기야 1980년 7월 16일 개정된 〈시립도서
관조례(市立圖書館條例)〉에는 아예 '관장은 지방서기관으로 보한다'
는 규정으로 바뀌게 됨으로써 사서직의 관장 진출은 봉쇄된다. 이
런 와중에서 김 관장이 해임되자 그 이후의 관장은 행정직으로 보
임되기 시작했던 것이다.[21]

또 한 가지 이 사건을, 행정직이 관장을 차지하기 위한 정치적인
사건으로 해석하는 데 힘을 실어주는 것으로, 관장직에 대한 조례
개정이 매우 은밀하게 진행되었다는 점을 들 수 있다. 김 관장이 해

임되고 난 이후 행정직 관장으로 조례가 개정되었지만, 이런 사정을 전혀 모르고 있던 P 전 사서과장은 관장이 되기 위해 상당한 노력을 기울였다고 한다. 즉 도서관의 사서과장조차 모르게 일이 진행되었던 것이다. 이런 사실은 P 전 사서과장 밑에서 일을 배웠던 한 사서의 입을 통해 확인할 수 있었다.[22]

이러한 일련의 내용에서 부산시립도서관의 도서변상사건은 단순히 도서관장직을 사서직으로부터 빼앗아 행정직으로 보하려는 의도로만 보기에는 그 파장이 너무 컸으며 정치상황을 포함한 그 이상의 무엇을 가지고 있는 것은 아니었을까 하는 의문이 든다. 그 근거로 교육청뿐만 아니라 감사원까지 개입되어 있었으며, 사서직이 도서관장이 되는 길을 원천 봉쇄해 버린 것이다. 그 일이 있고 난 이후로 공공도서관의 도서관장직을 사서직으로 되돌리는 데는 수십 년이 흘렀으나 여전히 역부족이다. 그래도 상당 부분 사서직으로 보해지고는 있다.

또 하나는 변상 금액이다. 1976~1977년 당시 열람과장의 월급이 4만 원 정도였는데 변상 금액은 300만 원으로 엄청난 금액이었다. 현재와 단순 비교를 해본다면 월급 400만 원을 받는 사람이 변상금으로 3억을 물었다는 것이다. 요즈음 책 한 권을 평균 2만 원으로 산정한다고 해도 3억이면 무려 1만 5천 권을 구입할 수 있는 금액이다. 웬만한 도서관을 하나 개관할 수 있는 장서량이다. 비단 도서변상사건이 전국 도서관에서 공공연히 일어나고 있는 일이었지만, 그 당시 현장에 없었으니 자세한 내막은 모르겠으나 참으로 어

이없고 어마어마한 일임에는 틀림없다.

이렇게 엄청난 홍역을 치른 끝에 마침내 1978년 부산도서관과 1982년 부전도서관이 탄생한 것이다.

2.2. 1978년의 부산도서관과 부전도서관의 탄생

부전도서관은 일본홍도회가 우리나라에서는 부산에만 유일하게 일본홍도회 부산지회를 설립하고 1901년 독서구락부를 만들어 운영한 도서실을 발판으로, 1903년 사립부산교육회의 부산도서관, 1919년 부산부립도서관, 1949년 부산시립도서관으로 관명을 변경하였고, 1982년 부산광역시립 부전도서관(이후 부전도서관이라 칭함)으로 탄생하여 현재까지 유지되고 있다.

1978년의 부산도서관은 부전도서관과 시민도서관에서 그 연원을 찾아볼 수 있다. 부전도서관은 1963년 8월 5일 '부산시립도서관'으로 신축 개관하였고, 1964년 1월 1일 부산시에서 부산시교육청 소관으로 변경되었다. 1978년 1월 6일 '부산시립 부산도서관'으로 명칭을 변경한 후, 다시 1981년 부산시의 행정직제의 변경에 따라 '부산직할시립 부산도서관'으로 명칭이 변경되었다.

1982년 4월 8일에는 '부산직할시립 시민도서관'으로 명칭이 변경되었고 1982년 8월 17일에는 현 위치인 부산진구 초읍동으로 신축 이전하였다. 현재의 부전도서관은 이날 동시에 그 자리에서 '부산직할시립 부전도서관'으로 개관하면서 이렇게 부전도서관이 탄생한 것이다. 1995년 1월 1일 지방자치법 개정에 따라 '부산광역시립 부전도서관'으로 명칭이 변경되어 현재에 이르고 있다.

부산광역시립 시민도서관의 연혁을 보면 알 수 있듯이 도서관의 연혁을 태동기(1901년 10월 10일 홍도회 부산지부에서 독서구락부 도서실 개관~1963년 7월 20일), 부전동시기(1963년 8월 5일 동광동에서 부산진구 부전동으로 신축 이전~1982년 4월 8일 '부산직할시립 부산도서관'을 '부산직할시립 시민도서관'으로 개칭), 시민도서관시기(1982년 8월 현 위치(부산 부산진구 초읍동 산51-1)로 신축이전 개관~현재)로 구분하고 있다.

시민도서관의 부전동시기를 자세히 살펴보면 1963년 8월 5일 동광동에서 부산진구 부전동으로 신축 이전하였고, 1978년 1월 6일 '부산시립도서관'을 '부산시립 부산도서관'으로 개칭하였으며, 1981년 4월 4일 '부산시립 부산도서관'을 '부산직할시립 부산도서관'으로 개칭하였고, 1982년 4월 8일 '부산직할시립 부산도서관'을 '부산직할시립 시민도서관'으로 개칭하였다고 기술되어 있다. 따라서 '1978년의 부산도서관'은 현재의 부산광역시립 시민도서관으로 이어진 것이다.

부산시민도서관 홈페이지 도서관 소개를 보면 "부산광역시립 시민도서관은 1901년 홍도회 부산지부로 설립되어 현재까지 120년의 역사를 품은 대한민국 공공도서관의 효시입니다."라는 문구로 인사말을 시작하고 있다.

다음으로 부산광역시립 부전도서관의 연혁을 보면 1962년 9월 1

일 부산시립도서관 착공, 1963년 8월 5일 '부산시립도서관' 신축 개관, 1978년 1월 6일 '부산시립도서관'이 '부산시립 부산도서관'으로 명칭 변경, 1981년 4월 4일 '부산시립 부산도서관'이 '부산직할시립 부산도서관'으로 명칭 변경, 1982년 8월 17일 부산직할시립 부전도서관 개관에서 현재까지로 구분하고 있다. 또한 홈페이지 도서관 소개 인사말에서 '지혜와 문화의 길, 따스한 삶이 있는 부전도서관'이라고 하면서 '우리 부전도서관은 부산의 중심가에 위치하여 1963년 개관 이래 많은 부산 시민들이 이용하며, 부산 시민들과 오래도록 함께하고 있습니다.'라고 쓰고 있다.

그러나 부전도서관은 부산직할시립 시민도서관이 1982년 8월 17일 초읍동에 도서관을 신축 개관하면서 같은 날 동시에 현재의 부전도서관으로 개관하였으므로 두 도서관의 연혁 중에서 1963년 8월 5일 부산시립도서관을 신축 개관한 날로부터 1982년 4월 4일 부산직할시립 부산도서관으로 관명을 변경할 때까지 20년의 동일한 역사를 공유하고 있음 또한 알 수 있을 것이다.

이렇게 1978년 부산시립 부산도서관과 1982년 부산직할시립 부전도서관이 탄생하였는데 이는 마치 한 부모에게서 나온 형제와 같은 관계를 보여주고 있다. 장남이 모든 것을 물려받으면서 새로운 터전에 새집을 지어서 독립을 하고, 20년이 된 집과 당시에는 땅값도 그다지 비싸지도 않았던 집을 동생에게 그대로 물려주었던 것이다. 후에 부산의 중심지로 지가가 급격히 상승하면서 재개발을 하는 데 문제를 유발하게 된 것이다. 건물은 낡고 헐어서 허물어질 듯

〈그림 39〉〈그림 40〉 휴관 중인 부전도서관

하지만, 땅값은 천정부지로 치솟고 재개발을 하려니 어마어마한 비용이 발생하는 복잡한 문제가 야기된 것이다. 급기야는 정밀안전진단 E등급을 받아 2022년 7월 휴관(〈그림 39〉)으로까지 이어져 서면의 빌딩숲 사이에서 공허하고 황량한 모습(〈그림 40〉)으로 공공개발을 기다리고 있다.

3

2020년 부산도서관

2020년 11월 4일 부산의 새로운 대표도서관이 개관하였다. 2016년 12월 공모에 의하여 부산도서관 명칭, LI(Library Identity)를 확정하였다. 부산 대표도서관 명칭을 시민 공모한 결과 최종 48%의 지지를 받은 '부산도서관'으로 최종 명칭을 확정했다. 추정컨대 사립 부산교육회가 운영하던 '1903년 부산도서관'과는 이름만 같을 뿐 아무런 연관성은 없지만 구한말 부산의 사립도서관인 부산도서관과 이름만 같다. 그래서 여기서는 '2020 부산도서관'이라고 명명하기로 한다.

부산도서관은 지역도서관의 정책실행을 위한 지역대표도서관으로 시민의 창의력과 상상력의 지식놀이터를 구현하고자 건립되었다. 부산도서관을 소개하는 인사말에서 부산도서관 관장은 "부산 지식문화를 선도하는 '부산지역의 대표도서관'으로서의 역할을 수행하기 위해 부산 지식문화를 선도할 부산시민의 서재, 지역의 대표도서관으로 '부산도서관'이 개관하였으며, 부산의 미래를 담는 독서와 문화, 지식정보의 보고(寶庫)를 지향하며 도서관의 도서관, 부산시민의 서재, 부산학 자료의 메카 역할을 수행하며, 지역대표 도서관과 공공도서관의 역할을 넘어 부산의 4차산업을 선도할 복합독서문화공간이 되도록 최선을 다하겠다."고 하였다.

부산도서관 건립 과정을 살펴보면 2014년 1월 20일 부산시는 지역 내 지식의 허브, 도서관 및 독서 정책 컨트롤타워 역할을 할 부산의 대표도서관 '(가칭)부산도서관' 건립 타당성 용역을 실시한다고 발표하였다.

이 용역에는 ① 29개 공공도서관의 고질적인 문제인 보존서고 확보, ② 부산도서관 성격 및 건립 기본구상 설정, ③ 부산 대표도서관 예정 부지 및 주변 환경 조사(건립부지 분석 등), ④ 도서관 건립비용 산정, ⑤ 예산확보 계획, ⑥ 다른 시도와 차별화된 건축 외관 및 기능적인 공간구성, ⑦ 부산 대표도서관 인력구성 계획, 관리 및 운영 계획 수립 등이 포함되어 있으며, 부산시는 도서관 건립이 확정되면 독서 정책의 효율적 수립 및 실행에 크게 기여할 것으로 기대하고 있다.

2016년 7월 19일 부산시는 대표도서관 이름을 시민 공모를 통해 접수한 1,182편의 명칭 중 전문가 자문, 선호도 조사를 통해 선정하였는바 2018년 준공 예정인 부산시 지역대표도서관이 '부산도서관'이라는 이름을 얻게 되었다. 시민 공모를 통해 접수한 명칭 중에서 전문가 자문 등을 통해 부산도서관, 부산가온도서관, 부산누리도서관, 부산마루도서관 4편으로 압축하였다. 4편에 대해 시민 선호도 조사를 거쳐 48%의 지지를 받은 '부산도서관'을 최종 명칭으로 확정하였다.

2017년 8월 2일 부산시는 부산시 대표도서관의 효율적인 개관과 운영을 위한 부산도서관 운영 기본계획을 수립하였다. 부산도서관의 운영 방침은 ① 부산시 도서관의 거점 역할을 담당할 '도서관의 도서관 역할'을 위해 '독서·문화 기반 시설'로 건립하고, ② 부산시 도서관과 독서의 '정책 실현 도서관이자 연구도서관'으로서 시민의 독서 활동을 충족시킬 수 있는 부산도서관 운영 프로그램을 준비함과 동시에 부산시 도서관 통합서비스를 실현하기 위한 네트워크 구축과 공공도서관 운영지원 프로그램을 마련하고, ③ 부산의 과거와 현재, 미래를 보여주는 '부산학 자료의 집합체'로서 부산학 관련 특화 자료를 수집하고 서비스하는 역할을 담당할 '부산학 자료실'을 운영한다고 밝혔다.

또한 부산시는 「부산도서관 운영기본계획」을 토대로 분야별 세부 실행계획을 별도 수립하고 이의 내실 있는 이행을 통해 부산도서관이 국내외 부산시를 대표할 독서문화시설로서 손색이 없도록 최선을 다할 계획이라고 밝혔다.

부산도서관은 약 150만 권의 소장 가능한 공동보존서고를 운영할 계획으로 2018년 중에 교육청 등과 협의 이관 기준을 마무리하고 서고(모빌랙)를 설치하여 대상 도서를 정리한 후 2019년 개관 시 부산도서관으로 완전히 이관할 예정이었다. 공동보존서고는 부산시 공공도서관의 열악한 서고 부족 현상을 해결하고, 개별 도서관의 열람 공간 확보에 여유를 주어 시민의 편리한 독서 생활에 크게 기여하게 될 것으로 내다보았다.

2017년 12월 18일에는 부산도서관 착공식을 개최하였다. 부산시는 도서관 건립과 별도로 주변 환경개선을 위해 문화공원 조성, 전신주 등 지중화 사업, 도로 정비 등에 약 140억 원을 별도 투입하여 서부산권 교육·문화 격차를 해소하는 마중물로서 역할을 다하겠다고 밝혔다.

2018년 8월 20일 부산시는 지역대표도서관인 부산도서관의 공간 효율성 증대와 가구, 전산 기기, 사인물 등의 조화로운 배치를 통한 공간구성 전 과정을 감독·조정할 총괄계획가(Master Planner)[23] 제도를 도입한다고 하였다. 부산시 관계자는 "총괄계획가제도 도입을 통해 부산을 대표할 지역대표도서관인 부산도서관을 '창의성과 상상력의 원천'으로서의 시민이 즐겨 찾는 복합 독서문화 공간으로 조성할 계획"이라고 밝혔다.

이리하여 부산도서관은 2014년 9월 건립 기본 계획을 수립하고, 12월에는 부산광역시 사상구 사상로310번길 33(덕포동)에 부지를 확정하였다. 2016년 12월에는 부산도서관 명칭과 LI(Library Identity)를 확정하고, 건립 계획 수립 후 3년 후인 2017년 12월 공사를 착공하였으며, 공사 착공 후 3년 후인 2020년 11월 4일 개관하였고, 부산광역시립 시민도서관의 업무 중에서 대표 기능을 비롯한 몇몇 업무를 이관받아 부산 대표도서관이 되었다.

〈그림 41〉 부산도서관의 비전은 '창의력과 상상력의 원천이자
지식놀이터'이다. (부산도서관 홈페이지에서 캡처)

부산 대표도서관의 역할은 ① 부산광역시 차원의 도서관정책 수립과 시행, ② 지역도서관 정책의 허브로써 공공도서관 지원과 협력, 공동보존서고 운영, 자료통합, 서버 통합관리 등 도서관의 도서관, ③ 도서관 및 독서정책 관련 연구도서관, ④ 부산학 도서관으로써 부산의 역사·문화·산업·행정 등 부산의 전 분야에 관련된 자료를 망라하여 수집하고 제공하는 부산학 연구의 메카 역할을 하는 것이다.

이러한 역할을 더욱 충실하게 이행하기 위해서 2021년 부산지역 도서관 미래 서비스 연구를 시행하였으며, 7월 19일 연구 결과를 발표하였다. 4차 산업혁명과 코로나19로 도서관은 새로운 비대면 서비스의 개발과 운영은 물론 기존 대면 서비스의 강화 및 확장에 대한 필요성이 강조되고 있었다. 이러한 시대적 요구에 유연하게 대응하기 위해 2021년 부산도서관에서는 '부산지역 도서관의 미래

서비스 개발 및 전략 수립'을 위한 기초연구 용역 결과를 출간하였다. 급변하는 환경 변화에 능동적으로 대응하기 위해 부산지역 도서관들이 수행할 수 있는 새로운 서비스 지향점을 제시하고, 지역 도서관 발전의 중핵으로서 부산도서관이 적극적인 역할을 수행하기 위해서 실천 가능한 다양한 서비스를 새롭게 개발하며, 그에 따른 전략을 마련할 필요성이 있었다.

이 연구에서는 ① 시대적 흐름에 대응하는 부산지역 공공도서관의 대면과 비대면 서비스를 개발하고, ② 지역 내 공공도서관의 협력적 서비스 운영을 위한 체계적인 지원 체제를 마련하고, ③ 부산지역 공공도서관의 대국민 서비스를 강화 및 확립하며, ④ 지역대표도서관으로서 부산도서관의 위상과 역할을 제고하려는 효과를 기대하고 있다.

이리하여 1978년 부산도서관으로 한 건물을 공유했던 부전도서관과 시민도서관, 그리고 2020년 부산의 대표도서관으로 지정된 부산도서관은 그 연관성과 관계를 볼 때 뗄 수도 붙일 수도 없이 얽혀 있다. 이제는 또 부전도서관 건물을 헐어야 할지 고쳐서라도 유지해야 할지 하는 공공개발 문제로 부산시와 교육청, 부산진구청이 깊은 수렁에 빠져 있다. 현명한 시민들이 지혜를 모아야 할 때인 것 같다.

4

부전도서관 공공개발

부전도서관은 부산진구 동천로 79(부전동 서면)에 위치하고 있으며, 대지면적은 4,112.1m²(1,246평)이다. 소유주는 토지는 부산진구, 건물은 부산시이며 부산시교육청에서 도서관을 운영하고 있다. 일반상업지역 방화지구로서 형용할 수 없을 만큼 범상치 않은 역사를 간직하고 17년째 공공개발 형태로 재개발을 기다리고 있다.

부전도서관은 1963년 개관한 이후 증축도 개축도 없었고, 시설은 노후되고 공간은 좁고 작아서 21세기 밀레니엄 시대에 이르러서는 더욱이 도서관의 현대화가 절실하게 요구되었다. 2007년부터 논의되기 시작한 부전도서관 재개발은 2022년 7월 8일 부전도서관 휴관과 더불어 현재 부산진구청 주관으로 부전도서관 공공개발 추진에 박차를 가하고 있다.

〈그림 42〉 부산시립도서관　　　　〈그림 43〉 부산시립도서관
　　　신축 마무리 단계 모습　　　　　　　　개관 당시 전경

위는 부전도서관 개관 당시 부산시립도서관의 사진이다.(〈그림
42〉, 〈그림 43〉)

4.1. 부전도서관 45년 만의 대변신

2008년 9월 9일 '부전도서관 45년 만의 대변신'[24]이라는 기사가
언론에 보도되었다. 여기에서는 처음으로 BTO 방식[25]을 적용한 부
전도서관 개발 방향에 관해서 보도하고 있었다.

부산진구청은 "부전도서관은 주변 학원가와 어우러져 이용률이
높은 지역이지만 지은 지 45년 된 노후화된 건물은 이들의 욕구를
충족시켜 주지 못하고 있는 실정"이라면서 "구청 주도의 재건립은
힘든 만큼 민간 자본을 유치해 복합문화공간을 조성할 계획"이라
고 밝혔다. 이를 위해 부산진구청은 부지는 구청이 제공하되 시설
물은 민간사업자가 건립해 도서관을 제외한 건물 일부를 20여 년

간 무상으로 사용토록 하는 BTO 방식을 적용하기로 했다.

부산진구청 측은 20층 안팎의 건물이 들어설 경우를 가정하면 7~8개 층은 도서관과 공연장, 갤러리 등 문화시설로 쓰고 나머지 층은 민간사업자가 부대시설로 이용할 수 있도록 할 계획이었다. 대신 유흥주점과 게임장 등 공익시설과 어울리지 않는 업종 입점은 제한한다는 방침이었다. 또한 당시 추진하고 있던 서면 특화거리 조성 사업과 연계해 서면 상권 활성화에도 기여한다는 복안을 가지고 있었다. 이 건물은 2009년 6월 착공해 2년 후인 2011년에 완공될 예정이라고 하였다.

4.2. 부산진구청 업무자료와 언론보도 자료

부산진구청은 2009년 업무계획에서 부산진구 발전 10개년 계획 (2009~2018년)을 수립하였으며, 10대 핵심 프로젝트를 제시하였다. 그중 하나가 2012년 서면 특화거리 조성 사업[26]이었다. 3개 구간에 69억 원을 투입하여 특화거리를 조성하는데 젊음의 거리 · 먹거리 · 배움의 거리를 조성하는 것과 더불어 부전도서관 개발을 포함하면서 처음으로 부전도서관 개발에 관하여 언급하였다.

짐작건대 부산진구청의 2009년 업무계획에서는 간략하게 보고하고 있지만 실무부서에서는 이미 상당히 구체적으로 상세하게 부전도서관 개발사업 계획이 논의된 것으로 사료된다. 이를 뒷받침하는

내용으로 2009년 5월 사회도시위원회의 미래발전사업단 업무보고
서에서 시립부전도서관 개발사업[27]에 관한 계획이 발표되었다.

◇ 45년 경과된 노후 도서관을 민간자본을 활용하여 공·상복합
　시설로 개발
◇ 문화시설 확충과 서면상권 활성화 및 공유재산의 효율적 운용
　에 기여

45년이나 경과되어 노후된 도서관을 민간 자본을 활용하여 공·
상복합시설로 개발할 것이며, 문화시설을 확충하고 서면의 상권을
활성화하며 공유재산을 효율적으로 운용하는 데 기여하게 될 것이
라고 하였다.

사업개요를 보면 다음과 같다.

○ 위　　치 : 부전 2동 168-269번지
○ 면　　적 : 4,112m²(약 1,244坪)
○ 사업기간 : 사업공고일로부터 3년
○ 총사업비 : 600억 원(추정)
○ 건립규모 : 법정규모 이하로 건립
　▷ 건폐율 : 85%(3,495m², 1,057평)
　▷ 용적율 : 1,000%(41,120m², 12,439평)

○ 사업추진방식 : 「공유재산 및 물품관리법」에 의한 기부채납
  (BTO 방식 적용)
  ▷ 부지만 제공하고 민간사업자가 사업비 전액을 투자하여 시
    설을 건립하고 준공과 동시에 부산진구로 기부채납
  ▷ 준공일로부터 20년간 운영하고 운영기간 종료 후 운영권 이전
○ 사업 추진절차 : 사업공고 → 사업계획서 평가 → 실시협약 체
  결 → 실시계획 수립·승인 → 착공 → 준공 및 운영

즉, 사업기간은 사업공고일로부터 3년간이며, 총사업비는 600억
원으로 추정하였다. 사업추진 방식은 BTO 방식을 적용하여 부산
진구청에서는 부지만 제공하고 민간사업자가 사업비 전액을 투자
하여 시설을 건립하고 준공과 동시에 부산진구로 기부채납하고, 준
공일로부터 20년간 운영하고 운영기간 종료 후 운영권을 이전한
다는 것이다.

그간의 추진 현황을 보면 먼저 2007년 8월 29일 진푸른어린이공
원을 일반상업지역으로 도시계획시설을 변경하여 부전도서관의
개발을 가능하게 하였다. 관련 법령을 검토하고 네 개 기관을 벤
치마킹하였고, 관련 기관으로 부산시, 부산시교육청, 부산진경찰
서와 1차 협의를 하여 민간사업자가 관심을 제고할 수 있도록
적극적인 유치 활동을 펼쳤다.

이런 추진 현황과는 달리 2011년 완공을 기다리는 시민들에게
2011년 1월 17일 '부전도서관 개발 사업 전면 중단'이라는 언론보

도[28]가 있었다. 부산시교육청은 최근 건물을 신축한 뒤 도서관 공간으로 저층에 실평수 6천600m² 이상의 넓이를 확보해 줄 것과 공사 기간 중 현 도서관 인근에 1천320m² 이상의 대체 시설을 마련해 줄 것을 요구하자 부산진구는 사업성이 없다고 판단하고 민자 유치 계획을 전면 중단했다는 것이다. 부산시교육청의 사업 조건으로는 민간 투자자를 찾는 것이 사실상 불가능하다는 판단이었고, 부산시교육청은 도심 한복판에 위치해 접근성이 좋고 성인 이용자가 많은 만큼 이용자들의 편의를 고려해야 한다고 팽팽히 맞서면서 2008년 BTO 방식으로 시립부전도서관을 개발하려던 사업이 3년 만에 무산되었다.

그렇지만 같은 날짜인 2011년 1월 17일 사회도시위원회 도시국 업무보고서[29]에는 2011년 업무계획으로 시립부전도서관 개발사업이 보고되었으며 '부전도서관 개발 사업 전면 중단'이라는 언론보도와는 달리 사업 계획이 매우 구체적으로 전개되었다.

47년 된 노후·협소한 시설로 이용자 불편과 더불어 도심미관을 저해하고 있어 민간자본 유치를 통한 공·상복합시설(도서관, 구민문화시설, 상업시설)로 개발하여 구민편의 제공과 지역발전에 기여

사업개요는 앞서 미래발전사업단에서 보고한 내용과 약간의 차이가 있었는데 부전도서관의 위치가 2009년 전면 개정된 도로명주소에 따라 '부전2동 168-269번지'는 '부산진구 동천로 79(부전동)'

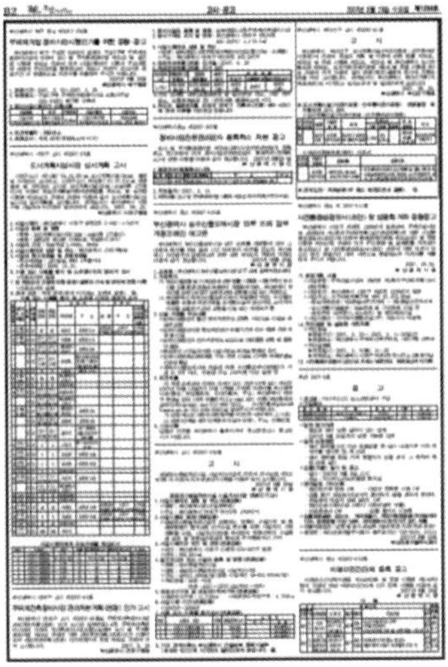

〈그림 44〉 26230_진고2007-61

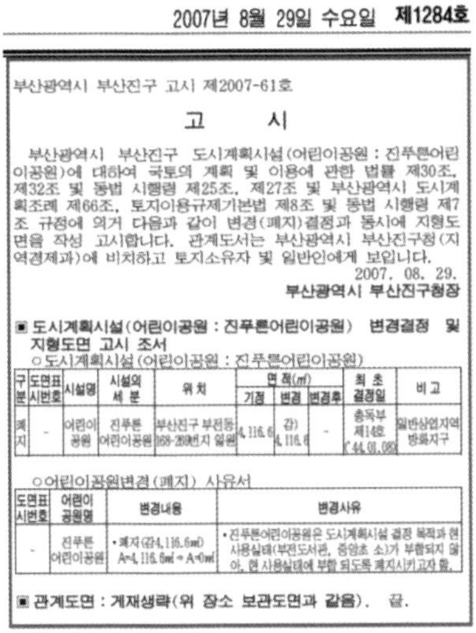

2007년 8월 29일 수요일 제1284호

부산광역시 부산진구 고시 제2007-61호

고 시

부산광역시 부산진구 도시계획시설(어린이공원 : 진푸른어린이공원)에 대하여 국토의 계획 및 이용에 관한 법률 제30조, 제32조 및 동법 시행령 제25조, 제27조 및 부산광역시 도시계획조례 제66조, 토지이용규제기본법 제8조 및 동법 시행령 제7조 규정에 의거 다음과 같이 변경(폐지)결정과 동시에 지형도면을 작성 고시합니다. 관계도서는 부산광역시 부산진구청(지역경제과)에 비치하고 토지소유자 및 일반인에게 보입니다.

2007. 08. 29.

부산광역시 부산진구청장

■ 도시계획시설(어린이공원 : 진푸른어린이공원) 변경결정 및 지형도면 고시 조서

○도시계획시설(어린이공원 : 진푸른어린이공원)

구분	도면표시번호	시설명	시설의 세분	위치	면적(㎡) 기정	면적(㎡) 변경	면적(㎡) 변경후	최초 결정일	비고
폐지	-	어린이공원	진푸른 어린이공원	부산진구 부전동 168-269번지 일원	4,116.6	감) 4,116.6	-	총독부 제14호 ('44.01.08)	일반상업지역 방화지구

○어린이공원변경(폐지) 사유서

도면표시번호	어린이 공원명	변경내용	변경사유
-	진푸른 어린이공원	• 폐지(감4,116.6㎡) A=4,116.6㎡ → A=0㎡	• 진푸른어린이공원은 도시계획시설 결정 목적과 현 사용실태(부전도서관, 중앙초 소)가 부합되지 않아, 현 사용실태에 부합 되도록 폐지시키고자 함.

■ 관계도면 : 게재생략(위 장소 보관도면과 같음). 끝.

〈그림 45〉 26230_진고2007-61
(〈그림 44〉의 우측 상단을 확대한 모습)

로 변경되었다. 사업규모와 소요예산은 민간사업시행자의 제안에 따라 협의하여 결정하기로 하였다. 추진 절차는 관계기관이 협의하여 공유재산관리 계획을 변경한 후에 민간사업자 모집공고를 한다. 사업계획서를 평가한 후 실시협약을 체결하고 실시계획 수립에 대한 승인을 받고 착공한다는 것이다.

추진 현황 또한 미래발전사업단 업무보고서와 비슷하면서 약간의 발전이 있다. 〈그림 45〉에서 보는 바와 같이 2007년 8월 29일 '도시계획시설(어린이공원: 진푸른어린이공원) 변경결정 및 지형도면 고시 조서'[30]에 의하면 '진푸른어린이공원'은 부산진구 부전동 168-269번지 일원으로, 일반상업지역 방화지구에 속한다고 하였다. 다

음으로 '어린이공원변경(폐지) 사유서'에 의하면 '진푸른어린이공원'
은 도시계획시설 결정 목적과 현사용실태(부전도서관, 중앙초 소)가
부합되지 않아 현 사용실태에 부합되도록 폐지시키고자 한다고 하
여 부전도서관은 일반상업지역 방화지구가 된 것이다. 이때부터 부
전도서관 재개발이 시작되었다고 본다.

　2008년 3~5월에는 관련 법령을 검토하고 네 개 기관을 벤치
마킹하였으며, 2008년 6월에는 기본추진계획(안) 수립하였다. 이
는 2008년 9월 9일 '부전도서관 45년 만의 대변신'이라는 기사에
보도된 것과 같은 내용이다.

　2009년 10월에는 국내 100대 건설사에 서한문을 발송하고 2010
년 12월에는 사업 시행을 위하여 관계기관(부산시, 부산시교육청)과
공식 협의할 것이며, 향후 계획은 관계기관(부산시, 부산시교육청)과
의 협의 난항으로 부지 활용 방안의 장기적인 검토를 추진할 예정
이었다.

　그러다가 2012년 1월 부산진구청은 부산시의 적극적인 지원과
부산시교육청의 원활한 협의를 토대로 부산진구의회 승인을 거쳐
시립부전도서관 민간사업시행자 모집공고[31]를 시행하게 됐다고 밝
혔다. 협상대상자를 선정하고 절차를 거쳐 이르면 이듬해 1월 착공
에 들어갈 예정이라고 하였다.

　모집공고의 내용에서 눈여겨볼 대목은 총민간투자비와 시설 내
역이다.

　총민간투자비는 45,112백만 원이며, 그중에서 공사비는 31,412

백만 원이다. 시설 내역을 보면 지하 3층 지상 8층 건물로 지하 3 개 층에는 주차장, 지상 1~3층에는 수익시설, 지상 4~5층에는 구 민문화시설을 설치하고 도서관은 지상 6층에서 8층에 설치한다는 계획이다.

도서관은 아기가 엄마 등에 업혀, 아이가 엄마 아빠 손을 잡고 독 서프로그램, 각종 체험프로그램에 참여하는 빈도가 높은 장소이다. 부산의 고령화 속도는 엄청나게 가속되고 있다. 자연히 도서관을 이용하는 노인층은 증가할 것이다. 이렇게 아기부터 고령자에 이르 기까지 고층보다는 저층을 이용할 수밖에 없는 연령층이 많이 드나 들고 이용하는 곳이다. 도서관은 성장하는 유기체라고 하듯이 도서 관의 자료는 출판량과 이용률에 비례하여 매년 증가한다. 책의 무 게 또한 쉽사리 가늠할 수 있는 부분도 아니다.

상황이 이러할진대도 도서관을 맨 꼭대기 층에 둔다는 것이다. 이 것은 도서관이 주 건물도 아닐뿐더러 시민들을 위하려는 것도 아니 고, 단지 주민문화생활을 제공한다는 전시행정으로밖에 보이지 않 는다. 또 증가하는 장서를 어떻게 보관하고 증가에 따르는 하중을 어떻게 관리할 것인지 걱정이 앞선다. 괜한 우려가 아니길 바라볼 뿐이다.

4.3. 부전도서관 민간투자(BTO) 방식 개발 추진현황 및 과제

부산광역시의회 입법정책담당관실에서 이해동 의원(교육위원회)이 '부전도서관 민간투자(BTO) 방식 개발 추진현황 및 과제'를 작성하였고, 이것은 2012년 11월 예산결산특별위원회 예산안 심의에서 의정활동 지원을 요청하여 심의에 반영되었다.

특히 주목할 것은 부전도서관 민간투자(BTO) 방식 개발사업에 대해 주요 문제점을 제기하였는바, 지역사회에서 몇 차례에 걸친 논의와 시도 끝에 현재 민간투자(BTO) 방식으로 추진되고 있는 부전도서관에 대해 각종 우려가 제기되고 있는 상황이라고 하였는데 ① 우선협상 대상자인 KR산업이 생소한 업체이며 평가점수가 낮은데에 의구심을 가졌고, ② 문화홀과 도서관을 유사시설로 보고 중복으로 투자된다고 우려하였으며, ③ 상가 분양이 시공업체 측이 희망하는 만큼 이뤄지지 않으면 자칫 건물의 일부 공간이 공동화될 수 있는 문제가 있다. 또한 2012년 당시 부전도서관 주변에 빈 상가들이 남아 있었다는 것이다.

> ▷ 부전도서관 BTO 방식 개발에 대해 기존에 제기되고 있는 주요 문제점
> ① 우선협상 대상자인 KR산업에 대한 의구심(생소한 업체, 낮은 평가점수)
> - 건설투자자 : KR산업(계룡건설의 계열사로 고속도로관리공

단이 전신) + 남홍건설(지역업체 몫으로 참여)

　- 재무적 투자자 : 신한금융투자

　- 설 계 : 정림건축 등

② 유사시설(문화홀과 도서관)의 중복 투자

③ 상가분양이 시공업체 측이 희망하는 만큼 이뤄지지 않으면 자칫 건물의 일부 공간이 공동화될 수 있는 문제가 있음.(현재도 부전도서관 주변에 빈 상가들이 남아 있음)

　이러한 문제점들을 해결하기 위해서 부전도서관 재건축사업의 추진 배경과 현황, 부전도서관 재건축사업에 대한 교육청의 입장, 거기에 부전도서관 민간투자(BTO) 방식에 대한 정책 대안을 제시하고 있다.

　서면 요지에 위치해 있지만 부전도서관 주변 지역이 일부 슬럼화되어 있고, 인근 부산시민공원, 송상현광장, 젊음의 거리 등 서면 일

〈그림 46〉 부전도서관 현황. 박스 부분이 공중에서 내려다본 부전도서관이다. (출처: 국제신문)

〈그림 47〉 재건축 투시도. 뒤에 '부전누리마루'라는 이름을 얻게 된다.(출처: 부산진구청)

대에 각종 도시재생사업이 추진되면서 부전도서관도 그 일환으로 정비 필요성 증대되었으며 주변 상권 활성화도 기대할 수 있다. 다만 도서관 시설 및 환경개선에 당장 예산이 투입되어야 하는 재정 사업으로써 열악한 재정 여건상 수익형 민간투자사업 방식으로 추진하게 되었다는 것이다. 완공 후에는 건물을 구청에 기부채납하고 컨소시엄이 상가를 임대 운영하며 구민문화홀은 구청이 운영하고 도서관은 교육청이 담당하여 운영하도록 하였다.

부전도서관 재건축 사업에 대한 부산시교육청의 입장을 보면 부산시교육청의 주된 요구사항은 주로 도서관 공간 확보와 마감자재, 설비시설 등에 관한 것으로 부전도서관의 시설낙후 및 공간 협소 등으로 이에 대한 개선 의지는 있으나 사업추진의 직접적인 주체가 부지 소유자인 부산진구청이다 보니 사업의 가부를 결정하는 입장 표현에는 다소 소극적이었다. 다만 현재보다 2배 이상의 도서관 공간을 확보하여 시민들에게 더 나은 서비스를 할 수 있다는 부분에 집중하고 있다는 것이다.

4.3.1. 부전도서관 민간투자(BTO) 방식 개발의 문제점

부전도서관의 역사성과 시민들의 인지도가 높고, 서면 요지에 위치하고 있으며, 교통 접근성도 좋은 편이어서 다양한 계층이 사용할 수 있는 편의성을 갖추고 있는 것을 고려할 때, 민간 자본에 의한 개발 방식은 부산을 대표해 온 공공도서관으로서의 위상이 흔들릴 수도 있다. 특히 저층부(1~3층)를 판매시설로 내어주고 도서관이 6~8층에 임대 입주하게 되었을 때, 이 건물이 과연 공공(도서관)시설로 인지될 수 있을 것인가? 비록 재정상의 문제로 민간투자(BTO) 방식에 의존하고 있지만 결국은 부산의 대표적인 공공도서관으로서의 정체성은 훼손되고 사라지고 말 우려가 있다.

재건축 예정인 부전도서관의 활용에 대한 교육 차원의 철학 없이 단순히 도서관 공간만 확보되면 된다는 생각만으로 요구사항을 검토하는 듯한 태도와 부산시교육청 차원에서 노후한 부전도서관에 대한 문제의식과 리모델링 또는 재건축을 위한 노력이 부족하다. 뿐만 아니라 협상 체결 후 건물이 철거된다면 대체 시설에 대한 준비 또한 미비할 정도로 부전도서관 재건축에 대해서 부산시교육청은 소극적인 입장을 취하고 있다.

민간투자(BTO) 사업의 경우, 비용 예측은 쉽지만 장래 발생하게 될 편익의 측정(수요 예측이 핵심)은 매우 어려운 것으로 알려져 있다. 편익 측정의 대표적 실패 사례로는 ① 부산도시철도 4호선, 대구도시철도 3호선, ② 용인경전철, ③ 부산대학교 효원문화회관(효원굿플러스) 등이 있다. 공공시설(도서관) 민간투자(BTO) 방식 추진에 대한 위험부담이 상당할 것으로 예측하고 있다.

현재 우선협상대상자 선정 후 운영 등에서 만약에 중간에 부도가 나거나 하는 사태로 인해 공사가 중단되거나 장기화된다면 대체공간만의 문제가 아니라 기존의 도서관만 없어지는 사태가 발생할 수 있기 때문에 만약의 사태에 대한 단계별 안전장치와 대책 마련이 필요하다. 이에 대한 구체적인 대책이 없다면 사업시행을 전면 재검토해야 한다는 것이다.

우선협상대상업체에서 공사비 증가와 관련하여 도서관 공간 구성상의 면적 축소(특히 8층 전체)에 대해 검토해줄 것을 요구하고 있다는 것은 민간투자(BTO)로 추진되는 부전도서관 개발사업에 대해 공공적 기능보다는 이윤 창출 목적에 치중하고 있다는 반증이다. 때문에 운영기간 동안 도서관 시설 노후문제의 처리에 대해서도 소극적인 태도로 작용할 수 있다. 향후 관리 운영비 감축 등과 관련하여 업체 측에서 얼마든지 이와 유사한 요구를 할 수 있는 가능성이 있다.

주차장의 경우, 전용주차 등에 대한 논의가 충분히 필요하다. 현재 서면지역의 각 건물들이 겪고 있는 주차문제를 생각할 때, 전용주차 공간을 확보하여 도서관 이용자에게 사용토록 하는 것은 현실적으로 불가능하고 대부분 판매시설 이용자들이 사용하게 될 것으로 보인다. 우선협상자 측에서도 주차비 산정(45면, 19.7%) 및 주차장 이용 및 관리방법에 관한 재검토를 요구하고 있는 실정이다.

그 밖의 부전도서관 민간투자(BTO) 실시협약 체결 과정에서 투명성, SPC(특수목적법인회사)와 도서관(문화시설 및 상가 포함) 관리 및 운영 관련 구체적 협의의 시점은 실제 건물이 완공되고 난 후이다. 도서관이 공공시설로서 역할을 하기 위해서는 저층부의 판매시설 분양이 원활하게 이루어져야 할 것이다. 왜냐하면 BTO 사업의 경우, 무상사용 수익기간(부전도서관의 경우 20년) 동안의 민간사업자 재정·운영 건전성에 대한 검증 필요 등 일일이 열거하기도 벅찰 정도로 다양한 위험부담을 안고 있기 때문이라고 알려져 있다.

4.3.2. 부전도서관 민간투자(BTO) 방식에 대한 정책 대안

비단 문제점만을 밝힌 것은 아니다. 이상과 같이 부전도서관 민간투자(BTO) 방식의 개발사업에 있어서 다양한 위험부담을 안고 있는 주요 쟁점 문제를 제기한 후에는 다음과 같은 대안 정책을 제시하였다.

1) 실시협약 및 공사 시행 단계에서 공공시설(도서관) 제공에 있어 공공성의 훼손은 없는지, 부산시의 부담 조항은 없는지 면밀한 점검이 필요하다. 부지 소유자와 층별 소유자·관리자가 달라 향후 다양한 관리상의 문제가 발생할 수 있으므로 실시협약을 체결하기 전에 각 기관의 입장을 재정리하여 모든 가능성에 대해 검토할 필요가 있다. 단계마다 안전장치가 필요하고, 직접 재정지원은 하지 않더라도 보증 등 부담 조항(이면계약 등)은 없는지 부산시나 의회 차원에서 면밀하게 검토할 필요가 있다.

2) 완공 후, 대지와 건물의 층별 소유자(관리자)가 다르기 때문에 향후 다양한 관리상의 문제가 발생할 수 있으므로 모든 가능성을 열어놓고 대민 봉사라는 하나의 목표를 향해 유기체로 작동할 수 있는 시스템이 필요하다. 구청 소유의 구민문화시설(4~5층)을 도

서관에서 사용하고자 할 경우, 행정적으로 유연하게 대응할 수 있도록 상호 사전협의가 필요하다.

3) 판매시설 입주업종에 대한 가이드라인 제시와 논의가 필요하다. 저층부(1~3층) 판매시설 입주업종에 따라 건물의 품격과 공공성을 좌우할 수 있다. 따라서 상가 시설 분양 시에 도서관과 시너지 효과를 낼 수 있는 업종으로 선별하여 교육적 콘텐츠와 도서관을 교육시설 메카로 활용할 수 있도록 하여 상업시설과 결합된 도서관의 특화를 기대할 수 있도록 해야 한다.

말하자면 이번 개발 사업은 도서관 단독 건물이 아닐 뿐만 아니라 교육 문화 관련 시설과 상업시설이 공존하는 복합건물을 건축하려는 계획이라는 것이다. 따라서 공공도서관의 정체성을 훼손하지 않으며, 층마다 소유주가 달라짐에 따라 발생하는 관리상의 문제점을 충분히 파악하고 해결 방안을 마련해야 할 것이다. 완공 후에도 공공 봉사라는 하나의 목표를 염두에 두고 서로 유기체로 작용할 수 있는 시스템이 필요하다. 판매시설 업종에 관해서는 도서관과 더불어 충분한 역량을 끌어내어 서로 간에 선한 영향을 낼 수 있는 업종을 선별하는 데 각별히 유의하여야 할 것이다. 도서관을 교육시설로 활용하여 상업시설과 결합된 도서관의 특화를 기대할 수 있도록 부산시나 의회 차원의 면밀한 검토가 필요하다는 것으로 도서관의 정체성과 공공성을 강조하였다.

기존의 건물을 완전히 부숴버리고 최첨단 기술로 최고의 시스템을 도입한 새로운 건물을 건축할 수 있다는 것은 환영할 일이다. 그러나 시작도 하기 전에 이런 문제들이 발생할 수 있다는 것이 불거진다면 좀 더 신중하게 검토해야 할 충분한 이유가 된다. 45년을 기다리다 시작했고 17년이 지난 지금도 여전히 답보상태라면 5년, 10년을 더 기다린들 어떠랴 싶다.

4.4. 언론보도를 통한 부전도서관 공공개발 현장

4.4.1. 부전도서관, 쇼핑몰과 공존에 대한 우려의 목소리들

45년 만에 드디어 대변신을 꾀하는 부전도서관이 우리나라 최초로 공공도서관과 쇼핑몰이 공존하는 '부전누리마루'로 재탄생하는데에 대한 긍정보다는 우려의 목소리가 더 많다. 당시의 재건축에 관한 부전도서관 직원들의 견해를 보면 비록 오래되어 낡고 볼품이 없을 수도 있지만 보존되기를 원하였으며 시내 한복판, 평지에 접근하기 좋은 위치에 있는 보기 드문 도서관으로, 자손만대 물려주기를 원하고 있는 그 마음 또한 충분히 공감할 수 있었다.

- 지금 재건축이 논의되는 걸로 알고 있는데 제 생각에는 50년이나 된 이 건물은 보존하고 옆에 새로운 건물을 지어서 이용시키면 어떨까 싶네요. 부산에 50년 이상 된 건물이 거의 없다고 들었거든

요. 앞으로도 계속 부산시민에게 사랑받는 도서관이 되었으면 좋겠어요.

- 도서관 중에서 시내 한복판에 위치한 도서관은 부전도서관밖에 없다고 봅니다. 좋은 위치를 활용하여 다양한 서비스를 지원하는 도서관이 되었으면 좋겠어요. 대대손손 자손들에게 부산의 도서관 하면 부전도서관이라고 생각할 수 있는 그런 위치에 올려놓았으면 싶네요.

"부전도서관, 쇼핑몰과 이상한 동거-8층 규모 재건축 민자 사업자 KR산업 등 컨소시엄 선정"이라는 기사[32]에 따르면 우선협상대상자가 선정되면서 전국 최초로 쇼핑몰과 도서관이 공존하는 시립부전도서관 민자개발사업이 속도를 내고 있다는 것이다. 이것은 곧 부산 최초이면서 전국에서 가장 오래된 공공도서관 건물인 부전도서관이 전국 최초의 공상 건물로 재탄생하게 될지도 모르는 것이었다. 그야말로 전형적인 경제논리에 의한 재개발 계획이라고 볼 수 있다.

마침 때를 같이하여 2012년 11월 앞에서 언급한 부산광역시의회 이해동 의원이 '부전도서관 민간투자(BTO) 방식 개발 추진 현황 및 과제'를 작성하여 문제점과 대안 정책을 제시하면서 예산안 심의에서 의정활동 지원을 요청하였던 것이다.

쇼핑몰과 도서관이 공존하는 형태인 부산시립 부전도서관 재건축사업이 도서관 고유의 공공성을 훼손할 수 있다는 주장과 더불어 부전도서관 민간투자(BTO) 방식 개발사업에 대해 주요 문제점을 제기하였으며, 이러한 문제점들을 해결하기 위해서 부전도서관 재건축사업의 추진 배경과 현황, 부전도서관 재건축사업에 대한 교육청의 입장, 거기에 부전도서관 민간투자(BTO) 방식에 대한 정책 대안을 조목조목 제시하였다.

"부전도서관 민자사업 재건축 재검토 필요하다"는 사설[33]에서는 부전도서관은 부산의 대표적 문화 공간으로 지난 50년간 시민들의 정신적 요람이란 점에서 주상복합 도서관에 대한 의심과 우려를 나타내었으며, 리모델링으로 원형을 보존하면서도 시설을 개선하는 것과 민자사업의 사업성을 꼼꼼히 따져 BTO 방식에 의한 재건축은 재검토할 필요가 있다고 하면서 도서관은 한 도시의 문화유산이란 점을 잊지 않기를 촉구하였다.

이에 대해서 부산진구의 한 관계자는 "싱가포르나 외국의 사례에서 보더라도 공상복합시설에 도서관이 들어서는 경우가 많아 도서관의 정체성에는 큰 문제가 없다"고 하였으며, "도서관과 학교가 외곽으로 자꾸 밀려나는 추세에 부산 시내 한복판에 도서관이 있는 것도 의미가 있다"고 말했다는 것은 이미 도시 한복판에 위치하고 있는 부전도서관과는 앞뒤가 맞지 않는 반론이다. 그는 또 "부전도서관 개발 사업으로 인해 도서관 면적은 2천400m²에서 두 배에 가까운 5천300m²로 늘어나면서 도서관을 이용하는 시민들이 오히려 편리해질 것"이라고 덧붙였다는데 이 또한 계산이 틀리다. 도서관 면적은 2천400m²가 아니라 4천112m²이다. 건물을 둘러싸고 있는 정원과 주차장들은 어떻게 재구성할 것인지 그 계획이 궁금하다.

"부전도서관 반세기만의 변신"[34]에서는 부산 '1호 공공도서관' 시립부전도서관이 8층 높이의 복합건물로 재탄생하게 된다고 하면서 부산진구청의 사업추진을 설명하였다. 그러나 역사성이 있는 도서관 건물을 완전히 헐어버리는 방식에 대한 우려도 제기하고 있다. 동아대 건축학부 김기수 교수는 "부전도서관이 원형을 보존해야 할 정도로 소중한 문화재급 건물은 아닌 것으로 보이지만 부산 최초의 공공도서관 건물이라는 역사성과 시민들의 기억과 추억이라는 문화적 자산은 무시할 수 없는 것"이라고 주장했으며, "건물의 실시설계 과정에 이런 부분들을 녹여내기 위한 고민이 필요해 보인다"고 하였다. 이는 부산시립도서관으로서의 역사성과 시민들의 추억이 문화 자산임을 주장하고 있음을 알 수 있다.

부전도서관 김순례 관장[35]은 "부산지역 최초로 설립된 부전도서관은 역사성과 전통성을 가진 데다 교통 접근성이 좋아 다양한 층의 부산시민들이 애용한다"며 "부산의 랜드마크로서 품격을 계속 유지하기 위해서는 시교육청을 비롯한 부산시청과 부산진구청, 시민의 적극적인 협조가 필요하다"고 말하며 현장에서 근무하는 당사자로서의 직관을 그대로 보여주었다. 마찬가지로 최초의 공공도서관으로서 역사성과 전통성을 가지고 있을 뿐만 아니라 교통과 접근성도 좋기 때문에 부산의 랜드마크로서 품격을 갖추고 있음을 강조하였다.

이러한 우려의 목소리에 부산시교육청[36]은 신축 건물이 완공될 때까지 부전도서관을 궁리마루(옛 부산중앙중학교로 현재는 놀이마루)로 옮겨 운영할 예정이라고 하였다. 서면디앤씨 관계자는 "신축 부전도서관 건물이 역사성과 전통성을 살리면서도 서면 지역의 새로운 랜드마크가 될 수 있도록 하겠다"고 한 것은 건축관계자 역시 역사성과 전통성, 랜드마크를 충분히 살리겠다는 의지를 보여주고 있음을 알 수 있다.

여기에서 2013년에 이미 부산시교육청은 현재의 놀이마루를 부전도서관이 신축될 때까지 도서관으로 사용할 수 있도록 할 예정이라고 밝힌 바가 있으나 2023년에는 부산시교육청을 놀이마루에 신축하려는 계획을 발표하였고, 부산시의 시청 주차장 부지와 맞교환하기로 했던 것도 실행을 주저하고 있는 실정이었다.

최형욱 부산시의회 기획재정위원장은 "재개발 관련 안이 처음 제출됐을 때 부결 쪽으로 의견이 기울다가 보류해둔 상태"라면서 "해당 건물은 50년 전 부산직할시가 생길 때 만들어진 건물로 시민의 추억이 담긴 공간인데 보존에 대한 논의가 부족하고 도서관이라는 공공시설에 상업시설이 들어선다는 것도 바람직하지 않다"고 말했다.

이에 대해 부산시와 부산진구는 "해당 건물은 '부산시 근대건조물 보호에 관한 조례'에 의해 지정된 6개 건물도 아니고 나머지 근대건조물 219개와 현대건조물 131개소에도 포함되지 않아 사실상 '보존'이라는 명분은 없다"면서 "오히려 최근 조성된 서면특화거리의 미관을 해치는 낡은 건물에 대한 개발이 필요하고 인근 상인들

이 탄원서를 제출하기 위해 서명운동을 받는 등 여론도 개발에 쏠려 있다"고 맞서고 있다.[37]

그러나 최형욱 기획재경위원장은 "부산시가 상업시설과 함께 들어서는 도서관에 대해 아직 명확한 개발 방향을 갖고 있지 못하다는 결론을 내리고 심사를 재보류했다"고 밝혔으며, "상업시설이 혼재한 도서관의 건립에 대해 의원들 간에 의견이 첨예하게 엇갈리는 데다 부산 최초 공립도서관인 부전도서관을 보존해 리모델링해야 한다는 시민 의견이 많아 심사를 보류했다"고 덧붙였다.

이러한 보류 결정은 부전도서관의 공공성과 역사성, 정체성을 한눈에 꿰뚫어 본 명쾌한 결정으로 부전도서관 건물을 보존할 수 있다는 서광이 보이는 듯하여 그나마 얼마나 다행스러운지 모를 일이다.

이렇게 부전도서관 재개발 사업이 시의회에서 두 번에 걸쳐 제동이 걸리자, 부산시는 이 사업을 원점에서 재검토할 방침인 것으로 알려졌다. 부산의 첫 공립공공도서관이란 의미를 살려 기존 건물을 보존해 리모델링하고 맞은편의 폐교된 중앙중학교와 연계, 이 일대를 가칭 '도서문화거리'로 조성하는 방안을 추진할 방침이며, 또 중앙중학교 부지에 현재 부산지역의 수장고 부족 문제를 해결하기 위해 수장고를 짓는 방안도 검토되고 있다는 것이다.

부전도서관 재개발이 원점에서 재검토된다는 보도가 나기 하루 전날인 2013년 12월 16일 "시민 추억 간직한 부전도서관 살리자"는 기고를 통해 이용재 교수는 미래의 부전도서관에 대한 그림을 매우

소상하게 그려내었다.[38]

부전도서관이 부산시민에게 주는 의미는 참으로 크다. 부산시민에게 부전도서관은 오랜 세월 함께 성장한 동반자와 같다. 현재까지 수많은 시민은 부전도서관에서 공부하고 독서했던 기억을 가지고 있을 것이다. 부전도서관은 부산의 중심부이자 교통 요지에 위치하여 시 전역에서 접근하기가 쉬울 뿐만 아니라, 평지에 있어 청소년과 취업준비생은 물론이고 어린이, 베이비붐 세대 은퇴자, 노인, 주부, 직장인, 상인 등 누구든지 즐겨 찾는 도서관이다. 오늘날에도 하루 평균 3천 명의 사람들이 부전도서관을 찾아온다고 하였다.

부전도서관 건물이 주는 의미도 미미하다고 볼 수는 없다. 현존하는 도서관 단독 건물로 우리나라에서 가장 오래된 건물이자 최초의 건축물이다. 부산의 1세대 건축가들이 단조로운 양식을 도입하여 설계한 공공도서관 건물이다. 그리고 비록 아픈 역사이지만 '도서변상사건' 같은 엄청난 풍파를 겪은 최초의 최대규모 도서관이다. 비록 정밀안전진단에 E등급을 받아 휴관 중이기는 하나 이대로 허물어 버리기에는 석연찮은 구석이 많다.

부전도서관이 길 건너에 있는 놀이마루(옛 중앙중학교)와 연계된다면, 도서관이 어린이와 청소년의 수학·과학 체험을 정보서비스로 지원하는 문화와 교육의 산실로 거듭날 것이다. 부모의 손을 잡은 어린이들은 도서관을 즐겨 찾고 갖가지 호기심을 충족하며 자란다. 또한 유아에서부터 초·중·고 학생, 취업준비생, 주부, 직장인, 사업 준비자, 상인, 은퇴자, 노인에 이르기까지 공공도서관은 다양한 맞춤 서비스와 프로그램을 제공한다.

이러한 의미에서 부전도서관은 부산뿐만 아니라 국내 최고의 입지, 역사성, 이용 가치를 가진 도서관이다. 이 개념은 부전도서관, 서면, 부산진구, 부산시, 시민 모두의 과거와 미래를 잇고 향후 건강한 발전에 단계적 초석이 될 것이다.

'우보만리'는 개인 블로그를 운영하면서 부전도서관을 '아우 부전'이라 칭하며, 10여 년에 걸쳐 부전도서관에 대한 애틋함을 곳곳에 풀어놓아 부전도서관에 대한 풍경을 함께 할 수 있다는 것은 다행이지 싶다. 그러면서 "못나서 뜯어 새로 짓고 불편하여 없애버리고 작아서 크게 짓고 시대에 맞지 않아서 또 밀어버리면 도대체 남아날 건물이 어디 있겠느냐"고 토로하였다. 그리고 지금은 도서관의 역할을 하기에는 낡고 불편하며, 많은 자료를 보존하고 이용하기에도 적절하지 못한 것이 사실이라고 하면서도 부전도서관, 재생의 길은 없는지 묻고 있다.

부산일보 최학림 논설위원[39]은 "산복도로 르네상스와 도시공간 스토리텔링도 일장춘몽을 살다가 불 꺼지듯 사라져 버릴 인간의 운명적 허무에 맞서는 기억과 재생의 작업이다. 49년 된 추억의 부전도서관을 아예 허물고 민자로 주상복합 도서관을 만들겠다는 희한한 소식 앞에서는 또 망연해지기도 한다."라고 망연자실하였다.

김열규 전 서울대 교수는 "당시 부산에는 시립도서관이 달랑 하나! 말뿐인 도서관이었다. 부산 시내 용두산공원에 자리하고 있던 작은 시립도서관에는 열람실도 한 칸뿐이었다. 그나마 학교 교실

절반 정도나 되었을까? 그러
나 그곳에는 내게 둘도 없는
궁전이었다."라고 60여 년전
동광동 부산시교육위원회 2층
에 세 들어 살던 부산시립도서
관을 회고하였다.

<그림 48> 부산참여연대 소속 회원들의
독서시위

이용재 교수는 10여 년을 문
헌정보학 교수로서, 부산시민
으로서 부전도서관 앞에서 1
인 시위를 하기도 하고, 때로
는 학생들과 함께, 때로는 뜻
을 같이하는 동료와 함께 시위를 하기도 하면서, 부전도서관 개발
을 위한 전문가로서 공청회에 참가하여 의견을 개진하면서 부전도
서관을 지키기 위해 끊임없이 노력하였다.

부산참여연대 소속 회원들이 2014년 3월 6일 낮 부산 부산진구
부전도서관 앞에서 '상업시설과 공존하는 부전도서관 개발 반대'
독서 퍼포먼스를 펼치며 릴레이 시위(<그림 48>)를 진행했다.[40]

4.4.2. 외국의 사례

최정태 전 부산대 교수는 "세계 최초의 무료 공공도서관인 미국
의 보스턴도서관은 1888년 세워진 구 건물인 맥킴관과 1972년 세

워진 새로운 도서관인 존슨관이 함께 공존한다. 두 건물은 85년의 건물 시차가 있지만 면적이 거의 비슷하고 높이도 거의 같다. 그러나 외양이 다르고 건물구조나 시설 및 용도 자체도 딴판이다. 따라서 도서관을 찾는 사람도 양분된다. 맥킴관에는 도서관 역사를 증명하는 예술품 등이 책과 함께 있어 책과 함께 문화와 예술을 즐기는 일반 방문객과 관광객이 많다. 반면에 존슨관은 전형적인 현대 도서관이어서 통상적인 도서관 이용자들이 줄을 잇는다."라고 사례를 들어주었다.

유사한 사례는 로스앤젤레스 공공도서관에서도 찾아볼 수 있다. 로스앤젤레스 공공도서관(Los Angeles Public Library)은 1872년에 설립되었으며 건축가 베르트람 그로스베너 굿휴(Bertram Grosvenor Goodhue)가 설계하였다. 1986년 화재로 잠시 문을 닫았으나, 1993년 재개관하였다. 후에 굿휴가 지은 도서관이라고 이름을 그대로 살려서 굿휴도서관이라고 하였다.

굿휴 빌딩을 개조할지, 새로운 건물로 교체할지를 둘러싼 줄다리기는 거의 15년 동안 이어졌다. 이 줄다리기에는 실패한 채권 발행, 타당성 조사보고서, 대책위원회, 중앙도서관을 없애고 분관들만 남기자는 제안을 포함한 다수의 제안서, 연구 모임, 탄원, 공청회, 그리고 추가적인 공청회가 포함되었다.[41]

로스앤젤레스 공공도서관은 1986년 몇 달 간격으로 발생한 두 건의 방화 사건으로 인해 중앙도서관이 불탔다. 오늘날 중앙도서관은 오리지널 건물이 톰 브래들리 윙(Tom Bradley Wing)으로 연결되어 LA의 옛날과 현재가 융합되어 있다. 1993년 오픈한 톰 브래들리 윙은 재건축 기간에 재임 LA 시장의 이름을 붙였다. 굿휴 빌딩(Goodhue Building)으로도 알려진 옛날 도서관의 핵심은 로턴다(Rotunda)이다.

세계 유수의 보스턴 공공도서관이나 로스앤젤레스 공공도서관의 사례를 보면서 부전도서관 미래상에도 한번 꿈꾸어보면 어떨까.

유종필 전 국회도서관장은 "세계 유수의 40여 개 도서관을 여행하면서 나는 인간 지성의 위대함과 호흡할 수 있었다. 도서관은 인류의 영혼이 숨 쉬고 있는 곳이다. 이 오래된 공간을 거닐며, 훌륭한 도서관엔 예외 없이 족적을 남긴 위대한 지도자와 학자, 문인과 사상가들의 선견과 지혜에 감복했다."라고 도서관을 칭송하였다.

4.4.3. 국내의 사례

부전도서관과 유사한 역사와 상황을 가진 도서관이 우리나라에도 하나 있다. 100년의 도서관 역사를 가지고 있는 인천광역시립 율목도서관과 미추홀도서관이 바로 그것이다. 비록 처음부터 도서관 건물로 지어지지는 않았지만 1921년 11월 1일 지금의 자유공원(自由公園)에 있던 청광각(靑光閣)을 매입하여 창설하였고, 1922년 1월 6일 개관하여 인천부립도서관(仁川府立圖書館)이라 명명하였다.

1941년 4월 10일 구 경성지방법원 인천지청 청사를 개수하고 이전하였다가 1946년 11월 4일 율목동으로 이전하였다. 1949년 8월 인천부립도서관을 인천시립도서관으로 개칭하였고, 1962년 9월에는 신관을 신축하여 개관하였다. 어떤 의미로는 현존하는 우리나라 최초의 공공도서관 건물이기도 하다.

1995년 1월 1일 인천광역시 출범에 따라 인천광역시립도서관으로 개칭하였다. 2008년 12월 인천광역시 남동구 인주대로(구월동)에 인천광역시립도서관이 이전할 새 도서관이 준공됨에 따라, 2009년 6월 인천광역시립도서관이 인천광역시미추홀도서관으로 명칭을 변경하여 개관하였다. 이에 율목도서관은 1946년 율목동으로 이전한 데서부터 역사를 시작하고 있으며, 1921년부터 시작하는 인천시립도서관의 역사는 미추홀도서관의 역사와 함께한다. 어쩌면 이렇게 부전도서관의 역사와 흡사한지. 다만 부전도서관은 명칭마저도 변경되었지만, 역사는 캐면 캘수록 해석이 분분하고 난해하다.

4.4.4. 시민사회단체의 소리

2013년 12월 17일 사실상 민간투자방식으로 부전도서관 개발사업을 추진하는 것에 대해 부산시의회가 '불가' 판정을 내린 것으로 보였음에도 불구하고 계속해서 부전도서관과 상업시설을 공존하여 개발하는 것에 대해 시민사회단체의 지적이 이어졌다.

2014년 1월 "국내 최초 도서관 허물고 상업시설이 웬 말"[42]이라는 제호 아래 부산시, 부전도서관 민자 재건축 추진에 시민단체·의회 등이 반발한다는 내용이 보도되었다. 현존하는 한국 최초의 공공도서관 건물인 부전도서관을 허물고 민간자본이 투자하는 상업시설로 복합 재건축하겠다는 부산시의 계획에 대하여 최초의 공공도서관이라는 공익 성격과 역사성은 잊은 채 도심 한가운데 노른자 땅을 민간에 넘기겠다는 것이 문제라고 일침을 가하였다.

경실련, 환경운동연합, YMCA, YWCA 등 지역의 주요 시민사회단체가 모인 부산시민운동단체연대(이하 부산시민연대)는 "부전도서관의 민간자본 재건축을 중단하라"고 요구하였으며, 민자사업으로 도서관에 상업시설을 입점시키겠다는 부산시의 계획을 강하게 비판했다. "민자사업이 사실상 도서관 부지를 상업시설로 만들어 돈벌이를 하고, 도서관은 그냥 이름만 넣겠다는 발상"이라며 "이러한 민간사업자의 계획에 부산진구와 부산시가 왜 찬성하고 나서는지 이해할 수가 없다"고 지적했다.

부전도서관이 "유흥가로 변하고 있는 서면에 남아 있는 유일한 문화시설로, 사실상 상업시설인 공상복합건물의 고층에 도서관이 자리 잡게 한다면, 서면은 문화불모지로 전락하고 말 것"이라고도 우려하였으며, 부전도서관이 지닌 역사성도 함께 지적하였다.

2014년 3월 "상업시설 공존 부전도서관 개발 반대 '독서시위'"라는 제목하에 부산참여연대 소속 회원들이 6일 낮 부산시 부산진구 부전도서관 앞에서 "시립부전도서관 상업시설 아닌, 공공도서관으로 재개발하라"[43]는 구호를 만들어 독서시위를 하고 있다고 보도하였다. 또한 부산시민연대와 부산참여자치시민연대는 "시립부전도

서관 상업시설이 포함된 도서관으로 개발 반대한다"는 성명서를 발표하였다.[44]

다행히 의식이 있는 부산시의회는 2014년 3월 부전도서관 재개발과 관련하여 부전도서관의 원형을 보존해야 한다고 의결하였으며, 2018년 8월 부산시와 부산진구 사이에 부전도서관 공공개발 합의가 이루어졌다.

합의문에 따르면, 부산진구는 부산시와의 협력하에 부전도서관을 민간투자 방식으로 개발하는 것을 철회하고 부산시와 부산진구가 공공개발 방식으로 추진하고, 부산시와 부산진구는 부전도서관을 전포카페거리, 서면특화거리와 어우러지는 서면의 대표적 교육·문화 복합공간으로 조성하는 데 상호 노력하며, 부산시에서는 본 사업추진에 따른 행·재정적 지원을 한다는 것이다. 이로써 부전도서관의 지속적인 발전을 위한 방향의 대전환이 이루어졌다.

4.5 부전도서관 개발사업 추진 현황

부전도서관 개발사업에 관한 그간의 추진 경과를 보면 다음과 같다.

○ 2007. 8월 : 도시계획시설 변경(진푸른어린이공원이 일반상업지역으로)

○ 2008. 2~5월 : 관련 법령 검토, 벤치마킹 및 관계기관 협의

○ 2008. 6월 : 기본추진계획(안) 수립

○ 2008. 9. 9. : 부전도서관 민간투자사업(BTO) 개발 논의

○ 2009~2010년 : 부동산 경기 악화로 인한 관심업체 유치 홍보

○ 2011. 5월 : BTO 사업 추진을 위한 관계기관 협의(시, 교육청)

○ 2011. 8월 : 부산시, 부산시교육청 협의 완료(부산시 사업 승인)

○ 2011. 10월 : 부산진구의회 공유재산관리계획 변경안 의결

○ 2012. 1. 13. : 부산진구청 '시립부전도서관 개발사업 민간사업
   시행자 모집공고' 시행 및 사업 홍보

○ 2012. 2. 13. : 사전자격심사(PQ) 서류 접수 및 심사

○ 2012. 4. 17. : 사업제안서 평가 및 우선협상대상자 선정

○ 2012. 5. 23. : 시립부전도서관 개발사업 본 협상단 및 실무협상
   단 구성

○ 2012. 5. 23~11. 12. : 본 협상 및 5개 분야별 실무협상 추진

○ 2012. 11월 : 부전도서관 민간투자사업(BTO) 개발안 확정

○ 2012. 11. 30. : 부산진구청과 사업시행자간 실시협약 체결

○ 2012. 11. 30. : 실시협약 체결 및 민간사업시행자 지정

○ 2012. 12월 : 부산시 시정조정위원회 공유재산 심의 의결

○ 2013. 1~12월 : 부산시의회 공유재산관리계획 심사 보류

○ 2013. 1. 25. : 현장방문(부산광역시의회 교육위원회)

○ 2013. 1. 29. : 현장방문(부산광역시의회 기획재경위원회)

○ 2013. 1. 29. : 공유재산관리계획 변경안 부산광역시의회 심의

(심사보류)

○ 2013. 1월~ : 부산시의회 공유재산 심의 상정

○ 2013. 5. 9. : 건축심의, 교통영향평가, 경관심의 완료

○ 2013. 9월 말 현재 공유재산관리계획 변경안 심의 부산광역시 의회 계류 중

○ 2014. 3월 : 부산시의회 공유재산 변경계획 심의 의결(부대의견 전제 원안가결) 부산시 의회 '옥상층에 원형 보전' 조건으로 통과

○ 2014. 12. 26. : 건축허가

○ 2015. 3월 : 『시립부전도서관개발사업』관련 보증채무부담 행위 동의안 제출

　다음은 부산시의 보도자료를 통한 부전도서관개발 추진 경과를 표로 정리한 것이다.

〈표 6〉 부전도서관개발 추진 경과

추진 연도	추진 과정
1963년 8월 5일	부전도서관 개관
2007년 8월	도시계획시설 변경(진푸른어린이공원이 일반상업지역으로)
2008년 2~5월	관련 법령 검토, 벤치마킹 및 관계기관 협의
2008년 6월	기본추진계획(안) 수립
2008년 9월 9일	부전도서관 민간투자사업(BTO) 개발 논의
2009~2010년	부동산 경기 악화로 인한 관심업체 유치 홍보
2011년 5월	BTO사업 추진을 위한 관계기관 협의(시, 교육청)
2011년 8월	부산시, 부산시교육청 협의 완료(부산시 사업 승인)

2011년 10월	부산진구의회 공유재산관리계획 변경안 의결
2012년 11월	부전도서관 민간투자사업(BTO) 개발안 확정
2013년 1~12월	부산시의회 공유재산관리계획 심사 보류
2014년 1월	부산시 의회 '옥상층에 원형 보전' 조건으로 통과
2014년~2016년	논의 답보, 부산시 '보존' 부산진구청 '재건축' 입장 차
2017년 8월	중앙분쟁조정위원회 조정 신청
2018년 8월	조정 각하 결정, 오거돈 전 시장·서은숙 구청장 도서관 '공공개발' 협약
2019년 1월	부산진구청 민간투자사업 실시협약 해지 및 사업시행자 지정취소 통지
2020년 4월	오거돈 전 시장 사퇴, 공공개발 협약 답보
2020년 5월	민간사업시행자(서면디앤씨) 구청 상대 손해배상청구 소송 제기
2021년 4월	박형준 부산시장 취임
2021년 6월	'부전도서관 공공개발' 부산시 장기표류사업 우선순위 설정
2021년 8월	'부전도서관 공공개발' 방안 마련 전문가 토론회 개최
2021년 10월	'부전도서관 공공개발' 시민공청회
2021년 12월 2일	'부전도서관 공공개발'에 대한 부산시·부산진구 업무협약 체결
2022년 7월 8일	'부전도서관 정밀안전진단 용역' 중간결과보고 E등급에 따라 부전도서관 휴관
2022년 8월 19일	'부전도서관 정밀안전진단 용역' 최종결과보고 E등급에 따라 휴관 연장
2022년 11월 18일	'부전도서관 공공개발 기본구상(안) 수립' 용역 모집 공고
2022년 12월 22일	'부전도서관 공공개발 기본구상(안) 수립' 용역 결과 A사 선정 공고
2023년 3월 16일	'부전도서관 공공개발 기본구상(안)' 마련을 위한 시민 설문조사
2023년 11월 30일	'부전도서관 공공개발 기본구상(안)' 연구용역 결과 보고회

4.6 부전도서관 공공개발 기본구상(안)

부산광역시장과 부산진구청장은 2018년 8월 13일 부전도서관 개발사업을 쇼핑몰 등 상업시설을 포함한 복합시설로 개발하기로 해 논란을 불러일으켰던 민간투자사업(BTO) 방식은 전면 철회하고 공공개발 방식으로 추진하기로 전격 합의했다.[45]

부산시와 부산진구는 앞으로 부전도서관의 역사성을 살려 주변 전포카페거리, 서면특화거리와 어우러지는 서면의 대표적 교육·문화 복합공간으로 조성하는 데 상호 노력하기로 했다. 부산시는 또 부산진구가 추진할 공공개발에 따른 행정적, 재정적 지원도 약속했다. 조만간 부전도서관 개발 추진을 위한 실무단을 꾸려 세부 추진 방향을 수립해 추진할 계획이다.

그간의 여러 분야 사람들의 관심과 우려와 질타와 지적들이 헛되지는 않은 것 같다. 이제 부전도서관은 앞으로 공공개발을 통해 상업시설 없이 원형을 최대한 살린 '교육·문화공간'으로 거듭나 시민 품으로 돌아갈 전망이 보인다.

그러나 부전도서관 공공개발에 관한 논의가 재개될 때까지 무려 3년이란 장기간이 걸렸다. 부산시장의 공백으로 중단됐던 부전도서관 개발 논의가 박형준 시장이 취임한 뒤 부산진구청이 본격적인 논의를 시작하였고, 부산시도 부전도서관 개발에 적극적인 입장을 취하게 된 것이다.

서은숙 부산진구청장은 구청 측은 부전도서관 부지에 신축 건물을 세우고 건물에 도서관과 박물관, 전시관 등을 조성하는 방안과 도서관 건물 원형 보존 방안 등을 종합 검토한다고 하였다. "구청 내부적으로 다양하고 폭넓은 논의를 거칠 것이며 이후 부산시장을 중심으로 도서관 개발 방향을 조율하게 될 것"이라며 "그간 시장 부재로 검토가 어려웠는데 앞으로 부전도서관 개발 논의에 속도가 붙을 전망이다"라고 말했다.

부전도서관 개발 논의가 본격화하면서 전문가들은 도서관의 가치와 역사성을 살리는 방향이 필요하다고 조언한다. 부산대 문헌정보학과 이용재 교수는 "지어진 지 60년이 되어가는 부전도서관은 역사적 가치가 어마어마한 문화 자산으로 도서관 보존, 리모델링, 증축 등 다양한 방법을 모색해야 한다"며 "서울로만 집중되는 문화 역행 현상을 막아낼 수 있도록 이번을 계기로 부전도서관을 전국을 넘은 세계적 문화 도서관으로 키워나가야 한다"고 말했다.[46]

2021년 6월 '부전도서관 공공개발'은 새로 취임한 박형준 부산시장에 의해서 부산시 장기표류사업의 우선순위로 설정되면서 박차를 가하기 시작하여 꾸준히 거론되고 있으며, 부산시는 부전도서관 장기표류사업 해결 방안을 적극 마련하기로 하였다.

부산시는 1963년 개관된 후 노후 시설화로 개선이 필요한 부전도서관의 공공개발 방안을 마련하기 위해, 2021년 8월 4일 오전 10시 시청 12층 소회의실2에서 보존과 개발을 사이에 두고 개발 방향에 대한 부산시와 부산진구청의 이견으로 오랜 시간 표류하고 있는 '부전도서관 공공개발 사업' 문제를 풀어나가기 위해 관계 전문가

〈그림 49〉 부전도서관 공공개발 방안 마련을 위한 전문가 토론회.
2021년 8월 4일 부산시청.

들이 한자리에 모여 열띤 토론을 진행하였다.

토론에 참석한 전문가들은 역사성과 장소성을 가진 부전도서관 보존을 통한 공공개발에 공감하였다. 더불어 이해당사자 간 합의 및 다양한 시민 의견 청취 등을 통해 향후 개발방안 도출계획을 마련하기로 하였다.

이날 토론회는 (사)부산건축제 유재우 집행위원회 사회로 진행되었다. 김승남(도시건축포럼B 회장)의 주제 발표가 있었다. 패널로는 대한건축학회 부울경지회 송화철 회장, 대한건축사협회 부산광역시회 최진태 회장, 부산건축가협회 부산건축가회 조서영 회장, 부산연구원 공공투자관리센터장 최지은 박사, 부산대학교 문헌정보학과 이용재 교수 등이 참여하였다. 시민 패널들과 함께 필자도 참석하였다.

주제 발표에서는 보존과 개발 양극단에서 갈등을 겪고 있는 이해당사자들의 극단적인 주장 대신 개발과 보존이 공존 가능한 제3의 대안을 제시했다. 부산 최초의 공공도서관이라는 역사성과 지난 60여 년간 시민들의 집합적 기억이 서린 장소성을 기존 도서관의 기능과 건축물 외관의 보존을 통해 유지하되 박물관식 보존이 아니라 과거와 미래가 공존하는 도서관으로 확충해 재창조하면서, 기존 건축물에 지장이 되지 않는 가용부지에 부산 최대 중심상업 도심에 부합하는 새로운 복합교육예술문화센터 등의 기능을 더해 부산시민 모두를 위한 생활 SOC(Social Overhead Capital, 사회간접자본) 시설로 확충하는 방안을 제시하였다. 또한 이를 도시재생 인정사업 등 공공개발로 시작할 것을 제안하기도 하였다.

토론에 참여한 다른 전문가들 역시 대체로 역사성과 장소성을 가진 건축물의 보존과 2018년 시와 구에서 시민들에게 약속한 공공개발의 방식에 공감하였다. 나아가 인접한 놀이마루 등 공공시설과 연계시켜 부산시민들이 필요로 하고 좋아할 수 있는 도심 도서관으로의 확충과 생활 SOC 복합화를 통한 다각적인 기능 구축, 그리고 향후 재원확보 방안 등을 제시하였다.

송화철 회장은 특히 부전도서관은 60년 동안 시민도서관으로 부산시청의 것도 아닌, 부산진구청의 것도 아닌, 부산교육청의 것도 아닌, 부산시민의 것이라고 언급하였는데, 이에 모두 공감하였다.

최진태 회장은 국제 아이디어 공모를 진행해 새로운 시설을 구상하자고 하였으며, 조서영 회장은 도서관 활용 방안을 먼저 고민한 후 계발계획수립이 필요하며, 지원금 50억, 100억에 현혹되어 성급한 판단을 내리는 우를 범하지 않기를 기대한다고 하였다. 적지 않은 지원금에 현혹되어서는 안 된다는 지적은 굉장히 용기 있는 제안이라고 본다.

최지은 박사는 사업비 부담 경감을 위해 국토부 도시재생사업 및 생활 SOC 복합화 사업으로 추진할 것을 제안하였고, 또한 사회문화적, 교육적, 생활공간적 가치와 더불어 부전도서관의 확대 가치와 주차장 시설 등 생활형 공간을 충분히 고려해야 한다고 하였다. 이용재 교수는 외형은 온전히 보존하면서 다양한 아이디어 수렴을 통해 복합문화교육센터로서 미래지향적인 유수의 도서관을 조성할 것을 건의하였다.

유재우 집행위원장은 사업 시행 주체인 부산진구의 의사결정이 중요하며, 사업 이후 운영비, 유지관리비 등 비용을 고려해 중앙부처 공모사업 및 민자투자사업으로 추진할 필요성이 있다고 말했다. 부산진구청은 서면 자료를 통해 부산 중심지에 부합하는 보다 밀도 높은 개발을 통해 미래 새대에 필요한 시설을 제공하는 방안을 모색하되, 더욱 면밀한 안전진단 및 연구용역, 시민 공론화 과정 등을 숙의하여 민주주의 방식으로 의사결정을 해야 한다고 강조하였다.

이러한 전문가들의 의견에 대해 김광회 부산시 도시균형발전실장은 "전문가 토론회에서 도출된 내용을 구성, 교육청과 지속 논의해 의견 격차를 좁혀가며, 시민 의견 청취와 면밀한 조사, 연구를 통해 공공시설물을 보전하면서도 시민들이 유용하게 사용할 수 있는 공간을 구성해 모두가 공존·공생할 방안을 도출할 계획이다"라고 전했다.

이어서 2021년 10월 부산시는 "부전도서관 어떻게 할 것인가? 시민들에게 듣는다"[47]라는 제목으로 부전도서관 공공개발 방안 마련 시민공청회를 개최하였다. "서면은 부산의 공간상 중심지이자 다채로움과 역동성을 가지고 있는 지역이다. 그중에서 부전도서관은 오랜 기간 보존과 개발 사이에서 시민의 관심을 받아오고 있다. 부전도서관의 미래에 대한 시민들의 의견을 듣는 자리를 마련해 지혜를 모으고 부산의 미래를 구상해 보고자 한다."고 하였다.

이렇게 논의가 한창일 무렵 한국도서관사연구회에서는 부산시와 부산진구청에 공문을 보내었다. 부전도서관 공공개발 시 도서관 건물의 원형이 보존되어야 한다는 연구회의 주장을 담아 사업추진에 적극 반영하여 주시기를 바란다는 성명서를 제출하였다.

2021년 12월 부산시(시장 박형준)와 부산진구(구청장 서은숙)는 부전도서관에서 지난 1963년 개관 후 노후화로 시설개선이 필요한 부전도서관의 개발을 위한 업무협약을 체결하였으며, 부전도서관 공공개발에 대한 의지를 다시 한번 확인했다.[48]

2018년 8월에 합의한 공공개발 방식으로의 사업추진을 재확인하고, 신속한 사업 진행과 정확한 시민 의견수렴을 위한 시설물 정밀안전진단을 우선 시행하기로 하였으며, 정밀안전진단 결과를 시민들에게 투명하게 공개하고, 추가적인 기술용역을 통해 다양한 개발 방식의 장단점을 분석함으로써 시민 의견수렴에 기반한 개발을 추진한다는 계획이다.

서은숙 부산진구청장은 "시민들로부터 오랫동안 사랑받아 온 부전도서관의 개발 방향은 시민여론 수렴 등을 거쳐 장기적인 관점에서 결정하여야 할 사항"이라며, "부산시민들이 진정으로 원하는 것이 무엇인지부터 파악하는 절차를 통해 서면이라는 부산 대표 지역의 랜드마크이자 새로운 문화·교육 시설로 거듭날 수 있기를 기대한다"라고 밝혔다.

박형준 부산시장은 "부산시는 협치의 정신으로 부전도서관 개발사업과 같은 장기표류 과제의 실타래를 하나하나 풀어나가고 있다. 부전도서관이 시민 여러분의 뜻을 담아 시민 한분 한분께 힘이 될 수 있는 방향으로 재탄생할 수 있을 것으로 기대한다"라고 밝혔다.

그리고 2022년 7월 부전도서관은 정밀안전진단에서 최하위등급인 종합등급 E등급을 받았으며, 2022년 8월부터 2024년 현재까지 휴관 중이다.

설상가상으로 2022년 9월 "하윤수 교육감, 부산교육청 청사 이전 추진 2030년까지 서면 놀이마루 부지에 지하 5층, 지상 16층 규모 설립"[49]이라는 보도가 나왔다. 부산시에서는 부전도서관과 인근 주변을 연계하여 공공개발을 하려는 계획을 세우고 있는데 여기에는 놀이마루도 포함된 것으로 보인다. 교육청에서는 놀이마루 부지에 전체면적 10만 8천m², 지하 5층, 지상 16층 규모의 신청사를 건립할 계획을 세운 것이다.

부산시교육청은 내년 1월 4급 공무원을 단장으로 하는 '청사 이전 추진단'[50]을 구성하고, 추진단은 내년 5월까지 청사 이전 기본계획 수립, 9월까지 청사 이전 타당성 조사 용역 완료, 2024년 8월까지 교육부 중앙투자심사와 도시계획시설변경 등 업무를 수행할 계획이다. 이어 2024년 하반기부터 청사 이전 총괄계획가를 선임해 건축 디자인, 설계 용역, 공사 시행 등 단계별로 업무를 추진해 2030년 청사 이전을 완료할 예정이라고 하였다.

그럼에도 불구하고 2022년 11월 부산시에서는 「부전도서관 공공개발 기본구상(안) 수립 용역」 명으로 협상에 의한 계약 전자입찰을 공고하였다. 용역 기간은 착수일로부터 10개월간이며, 연구용역 기초 금액은 9천만 원이다. 2022년 12월 5일 평가하여 12월 22일 결과를 'A사'라고 공고하였다.

이 연구용역의 목표는 1) 부전도서관 공공개발 방향 및 방안을 마련하고, 2) 공공건축물의 국내·외 공공개발 사례 및 관련 법령조사, 관계기관·관계자·시민의견의 청취를 통한 공공성 확보와 추진력을 마련하고, 3) 부전도서관 공공개발로 인한 부산시, 부산진구의 변화를 예측·분석하고 향후 사업의 효율적 추진을 위한 근거로 활용하며, 4) 부전도서관 부지 단독 및 주변 부지(시설 포함)를 연계한 구체적이며 실행 가능한 개발 방안을 마련하고자 하는 것이다.

2023년 3월에는 부산시는 부전도서관 공공개발 기본구상(안) 마련을 위한 시민 설문조사[51]를 시행하기도 하였다.

이런 상황에서 부산시와 부산시교육청은 2023년 5월 22일 오후 4시 30분 부산시교육청 전략회의실에서 「2023년도 상반기 교육행정협의회」를 개최한다고 밝혔으며, 부산시는 '부전도서관 임시 개관을 위한 놀이마루 일부 사용 협조'를 구하기로 하였다.

부산시는 지난해 7월 이후 임시 휴관 중인 부전도서관 활용 방안을 시교육청 시설인 전포 놀이마루를 활용해 도서 대여 등의 업무를 해 달라고 요청했지만, 시교육청은 학생 안전을 이유로 난색을 표하면서 시의 제안을 거부해 도서관 임시 개관은 사실상 무산됐다. 그러나 시교육청 관계자는 "시교육청도 부전도서관 공공개발 여부가 결정되기 전이라도 도서관 기능이 필요하다는 점에 동의한다. 시와 대체 시설 마련을 계속 논의해 나갈 계획"이라고 말했다.

또한 부산시교육청은 지난해 9월 건물 노후화와 업무 공간 부족, 민원인 접근성 불편 등의 문제를 개선하기 위해 청사를 놀이마루로 2030년까지 이전하겠다고 발표하였으나 시민들의 반대에 부딪혔고, 부산시의 놀이마루 부지(〈그림 50〉), 부전도서관 등을 포함해 서면 일대에서 도시재생사업을 구상하고 있는 것과 맞물려 이전 절차에 급제동이 걸렸다. 이 과정에서 부산시는 시청지상주차장 부지(〈그림 51〉)를 대안으로 제시해 시교육청 이전은 새로운 국면을 맞았다.

그러나 시교육청은 시청 주차장 부지가 도로를 사이에 두고 분할되어 있고 암반 등의 문제로 지하주차장을 크게 지을 수 없다는 것

〈그림 50〉 부산시교육청 이전 예정 후보지 중 하나인
부산 부산진구 놀이마루

〈그림 51〉 부산시교육청 이전 예정 후보지 중 하나인
연제구 부산시청 지상주차장 전경

으로 놀이마루 양보에 난색을 표하는 상황이다. 또 놀이마루 부지
의 공시지가가 시청 지상주차장보다 낮지만, 실제 땅의 가치는 놀
이마루가 더 높은 점도 향후 양 기관이 논의 과정에서 해결해야 하

는 숙제다. 실무 차원에서 풀기 어려운 난제가 산적한 데다 시교육청 이전 문제가 1년가량 표류하고 있는 만큼 부산 전체 도시계획 등을 고려해 부산시장과 부산시교육감의 결단이 필요하다는 지적도 제기된다.[52]

2023년 10월 23일 부산시(시장 박형준)와 부산시교육청(교육감 하윤수)은 부산시와 부산시교육청 간 상호협력을 통해 교육행정의 발전적 변화를 도모하고 교육 현안을 해결하고자 '2023년도 하반기 교육행정협의회'를 개최한다고 밝혔다. 이번 교육행정협의회에서 부산시는 다시 한번 '놀이마루 일부를 활용한 부전도서관 임시 운영 요청'으로 협조를 구하고 부산시 교육청은 '교육청 신축 청사 이전부지 검토'를 협의할 예정이다.

드디어 2023년 11월 30일 '부전도서관 공공개발 방안 마련을 위한 시민토론회 및 용역 최종보고회'가 개최되었다. 관계기관 및 시민단체, 시민 등이 참석하였으며 전문가 및 시민 토론이 있었다. 애초에 연구 공모를 할 때만 해도 주제는 '부전도서관과 주변을 아울러 공공 개발하는 연구용역'이었고, 부산시와 교육청은 놀이마루 활용을 위하여 회의를 거듭하였으나 놀이마루와 부산시청 주차장과의 대안에서 결국은 혜안을 찾지 못한 채 부전도서관에 대한 연구용역만이 이루어져서 보고되었다. 반쪽짜리 연구결과가 나오게 되었다.

부전도서관 공공개발은 기존 건축물 원형보존 방안, 건축물 일부 보존 및 개발 방안, 전면 개발 방안이 검토되었는데, 결과는 건축물 일부는 보존하면서 개발하는 쪽으로 방향이 기울어진 듯하나 아직 결정된 것은 아니며 이번 결과를 바탕으로 부산시와 부산진구청, 부산시교육청이 계속해서 협의를 통해 최종 방안을 결정하겠다는 방침이다.

이러한 관련 부서의 부단한 노력으로 부전도서관 공공개발을 추진함에 따라 도서관 기능 외 문화·예술·복지 등의 기능이 추가되면 인근의 서면 젊음의 거리, 전포카페거리, 서면지하상가 등의 교육·사교·오락·쇼핑 기능과 연계돼 다양한 세대를 어우를 수 있는 공간조성 및 지역 상권 활성화로 이어져, 도심에 활력을 불어넣을 수 있을 것으로 전망된다.

여기까지가 1901년부터 2024년 현재까지 부전도서관 휴관 전말이다. 지금 이 시간에도 부전도서관 공공개발 관계자들은 부전도서관이 어디로 어떻게 가야 할지를 고민하고 있을 것이다. 이때야말로 진정으로 부산을 위하고 도서관에 관심과 애정을 가진 시민들이 지혜를 모아야 할 때다.

5

0시의 부전도서관

부전도서관은 지금 마법의 시간인 0시에 있는 듯하다. 어제도 오늘도 내일도 아닌 0시.

우리나라 최초의 근대 공공도서관이 과연 일본 홍도도서실을 그 효시로 볼 수 있느냐는 문제를 불러일으키고 있지만 그 범상치 않은 역사를 그대로 품고 있는 부산시립도서관과 부산광역시립 시민도서관, 그리고 부전도서관은 현재의 부전도서관 건물과 더불어 단단하게 얽혀 있다.

대한제국시대인 1901년, 치외법권지역인 일본인전단거류지에서 일본홍도회에 의해 일서 5천여 권으로 일본인을 위한 홍도도서실을 개설하면서 우리나라 속의 또 다른 나라에서 근대공공도서관이 싹을 틔웠다. 1903년 사립부산교육회가 홍도도서실을 계승하여 부산도서관으로 도서관명을 변경한다. 1910년 한일병탄이 되고 36년 동안 일제식민 치하에 들어가면서 사립부산교육회는 용두산 중턱

(현 체력단련장)에 1911년 부산도서관을 신축하고 1912년 개관을 한다. 1919년에는 부산부로 이관하여 공립공공도서관인 부산부립도서관으로 관명이 변경되었고 1937년에는 부산부청이 있던 곳으로 이관하였다가 1938년 부산부립도서관에 화재가 발생하여 건물은 소실되고 용두산 중턱의 구 도서관 건물에 다시 이관하였다. 1945년 해방을 맞이하면서 홍도도서실에서부터 소장하였던 장서를 그대로 인수해 그해 12월 25일 동광동에 있는 시교위 청사(현 부산호텔)에 이관하여 재개관을 하였고, 1949년 8월 15일 부산시립도서관으로 변경되었다. 그런데 또 민족상잔의 비극인 6·25 동란으로 휴관을 반복하였다.

1963년 7월 22일 동광동에 있는 교육위원회 청사에서 부전동 신축도서관으로 이전하였고, 8월 5일에는 부산시립도서관 신축도서관 개관식을 거행함으로써 부산시립도서관의 동광동 시대는 막을 내리고 부전동 시대를 열게 된다.

그로부터 5년 후인 1968년 1월 어느 날이었다. 중학교 2차 입학시험을 앞두고 내 생애 첫 번째로 시립도서관을 방문했던 그날도 시립도서관은 시민들로 가득 차 있었다. 열람실마다 교복을 입은 대학생 오빠들과 언니들로 빈 좌석이 없어서 초등학교 6학년인 여학생은 시청각실 한구석에 책걸상이 하나로 된 자리를 겨우 얻을 수 있었다. 개관 후로부터 20년이 지나, 1982년 부전도서관으로 탄생하였고, 현재는 부산시와 부산시교육청, 그리고 부산진구청이 얽혀서 부전도서관 공공개발을 목전에 두고서 휴관 중이다.

부전도서관 공공개발을 눈앞에 두고 부산시와 부산시교육청, 그리고 부산진구는 각각 나름의 포부를 가지고 미래의 서면을 구상하고 있다.

땅 주인인 부산진구청은 부전도서관 건물이 1963년 개관한 이후 47년이나 되었으나 그동안 변변한 리모델링이나 시설개선 작업 하나 없이 노후되었고 협소한 시설로 이용자 불편과 더불어 도심의 미관을 저해하고 있어 민간 자본 유치를 통한 공·상복합시설(도서관, 구민 문화시설, 상업시설)로 개발하여 구민에게 편의를 제공하고 지역발전에 기여할 목적으로 2012년 1월 시립부전도서관 민간사업시행자 모집공고를 시행하였다. 총 민간투자비는 45,112백만 원이며, 지하 3층 지상 8층 건물로 지하 3개 층에는 주차장, 지상 1~3층에는 수익시설 즉 상업시설을 배치하였고, 지상 4~5층에는 구민문화시설을 설치하고 도서관은 지상 6층에서 8층에 설치한다는 계획을 밝히면서 한때 이 건축물의 이름을 '부전누리마루'라고 명명하기도 하였다. 그러나 민간투자방식에 의한 개발은 시의회에 의해 제동이 걸렸으며, 2014년 3월 부전도서관 재개발과 관련하여 부전도서관의 원형을 보존해야 한다고 의결하였다. 이후 부산진구청은 부전도서관 부지에 신축 건물을 세우고 건물에 도서관과 박물관, 전시관 등을 조성하는 방안과 도서관 건물 원형 보존 방안 등을 종합 검토한다고 하였다.

건물주인 부산시는 부전도서관 개발사업을 쇼핑몰 등 상업시설을 포함한 복합시설로 개발하기로 해 논란을 불러일으켰던 민간투자사업방식을 원점에서 재검토할 방침을 세워 이 사업을 전면 철회하고 공공개발 방식으로 추진하기로 부산진구청과 전격 합의를 이루게 되었다. 드디어 2021년 6월 '부전도서관 공공개발'은 새로 취임한 박형준 부산시장에 의해서 부산시 장기표류사업의 우선순위로 설정되면서 박차를 가하기 시작하여 꾸준히 거론되고 있으며, 부산시는 부전도서관 장기표류사업 해결 방안을 적극 마련하기로 하였다. 부전도서관의 보존과 개발을 사이에 두고 개발 방향에 대한 부산시와 부산진구청의 이견으로 오랜 시간 표류하고 있는 '부전도서관 공공개발 사업' 문제를 풀어나가기 위해 관계 전문가들이 한자리에 모여 열띤 토론을 진행하였다. 부전도서관 정밀안전진단을 시행하였고, 「부전도서관 공공개발 기본구상(안) 수립 용역」 명으로 협상에 의한 계약 전자입찰을 공고하였으며, 2023년 3월에 부산시는 부전도서관 공공개발 기본구상(안) 마련을 위한 시민 설문조사를 시행하기도 하였다. 부산시는 국토부의 도시재생 사업(혁신지구 국가시범지구)을 염두에 두고 시교육청 소유인 놀이마루 부지와 바로 옆 부전도서관을 연계 개발하는 방안을 검토해왔던 것이다.

부전도서관 운영을 맡고 있는 부산시교육청은 현재 휴관 중인 부전도서관에 대한 대안으로 2013년 놀이마루를 우선 활용하도록 하였으나 사정이 여의찮다며 속절없이 보류하더니 2023년 1월 난데없이 2030년까지 현 청사를 부산진구 서면 '놀이마루' 부지로 옮기기로 하고 관련 절차에 착수한다고 하였다. 교육청 건물이 노후되어 누수로 인해 매년 외벽·옥상 방수 공사 등을 해야 하고, 석면 천장 교체, 창문 중창 공사 등 대대적인 보수가 필요한 상황이며, 업무 공간과 주차 공간도 부족하고, 시민들이 접근하기도 불편하다는 문제를 개선하기 위해 '청사이전 추진단'을 꾸려 본격적으로 이전 절차에 착수한다는 계획이다. 부산시교육청의 계획에 따르면 지금의 놀이마루 건물을 허물고 전체 면적 10만 8,000m², 지하 5층~지상 16층 규모의 신청사를 건립한 뒤 길 건너 부전도서관과 묶어 이 일대를 '교육지구'로 개발하여 교육문화복합시설을 조성하는 도시재생사업을 구상 중이다.

사정이 이러하다면 이 세 기관을 아우를 수 있는 곳은 그 상위의 기관일 것이다. 청와대에서 나서준다면 혹시 해결 방안이 나올 수도 있지 않을까. 아니면 사공이 많으면 배가 산으로 올라간다고 하는 속담처럼 부산시민과 국민 모두가 나서준다면, 그래서 사공이 많아져서 차라리 배를 산으로 올려 버릴 수 있다면 그 또한 좋은 방법이 나오지 않을까.

제대로 인정받지 못한 대한제국이든 일제 식민지든, 모두 한민족이 서로 맞붙어 피를 철철 흘리며 전쟁을 치렀던 우리의 역사임에는 분명하다. 어느 한 조각을 툭 잘라내 버릴 수는 없지 않은가. 그래서 시민도서관은 이를 품었다.

그러나 휴관 중인 부전도서관은 마치 '0시의 부전도서관'인 양 뭔가 괴기스러우면서도 어쩌면 또 다른 세상이 전개될 것 같은 마법의 시간 0시에 그래도 절대 멈추지 않고 곧추서서 또 다른 미래를 기다리는 듯하다. 어디든지 갈 수 있고 무엇이든 될 수 있는, 그냥 '0시의 부전도서관' 말이다.

한국도서관사연구회의
부전도서관 탐방기

때는 바야흐로 코로나19가 창궐하던 2021년 5월, 한국도서관사연구회가 공식적으로 부전도서관을 탐방하기 위해서 직접 방문하여 부전도서관의 현장 상황을 먼저 살펴보았고, 다시 방문하여 부전도서관 관장님과 직원들과 담소를 나누며 부전도서관의 변천과 의의, 앞으로의 발전 방향에 관한 이야기를 나누며 탐방 일정을 조정하였다.

　몰랐다. 부산에 살면서 용두산공원을 꽤 많이 다니면서도 1973년, 그러니까 고등학교 3학년이었을 때 부산타워가 준공되었고 개관할 때 친구와 둘이 꼭대기까지 올라가서 부산 시내를 두루 살펴보았을 때도, 광복동에서 놀다가 미화당백화점과 연결된 통로를 따라 용두산공원에 올라갔을 때도, 팔각정에서 차를 마실 때도, 책과 도서관을 그렇게 좋아하면서도 부끄럽게도 그곳에 도서관이 있었다고는 단 한 번도 생각해본 적이 없었다.

<그림 52> 현 지도에서 본 옛 도서관의 위치

그런데 1901년부터 용두산공원 중턱 서산하정(지금의 동주여고 자리)에서 우리나라 최초의 근대공공도서관이 출발하였고, 더군다나 용두산공원에 설치된 에스컬레이터를 타고 오르다 보면 오른쪽에 체력단련장이 있는 바로 거기에 1912년 신축 개관한 부산도서관이 있었던 것이다.

탐방은 먼저 1901년 홍도도서실이 있던 동주여고에서 시작하여 1912년 부산도서관이 있던 용두산공원 중턱을 거쳐 1937년 부산부립도서관이 있던 현재의 MU호텔에서 흔적을 확인하고 부산시립도서관이 있던 부산시교육위원회, 현재의 부산호텔을 거쳐 마지

막으로 부전도서관을 방문하는 순서로 그 발자취를 추적해보고자
한다.

1. 홍도도서실과 1903년 부산도서관에서 시작하기

1901년 대한제국 시절 치외법권지역이었던 초량왜관 내의 용두
산 중턱 서산하정 8번지, 현재 동주여고가 위치하고 있는 곳에 일
본홍도회부산지회는 홍도도서실을 개실하였고, 1903년 개축하여
부산도서관으로 관명을 바꾸었다. 여러 가지 시대적 상황을 고려
해 보더라도 우리나라 근대공공도서관이 홍도도서실에서 비롯되었
음은 사실이나 과연 이를 우리나라 최초의 근대공공도서관이라 인

정할 수 있느냐는 여전히 명쾌
하게 단정할 수가 없는 실정이
다. 어쨌든 여기에서부터 우리
의 도서관 탐방을 시작하기로
한다.

먼저 홍도도서실이 있었던
곳으로 동주여고를 방문하였
다. 혹시나 하고 교무실을 방
문하여 옛 홍도회 도서실의 기
록이나 흔적이 있는지를 문의

〈그림 53〉 동주여고 담벼락
한국물리학회발상지

하였더니 그런 기록은 전혀 없다고 하여 건물 외관과 주변만 둘러보았다. 그 맞은편에는 대곡파 본원사 내에 초량관어학소가 있었고, 지금은 많이 축소된 대각사가 있다. 그 주변에는 조선시보사, 부산일보사, 부산상업실천학교 등이 함께 있었다.

동주여고 담벼락에는 도서관에 관한 이야기는 없지만 한국물리학회발상지라는 표석은 있다.

2. 1911년 부산도서관

동주여고에서 출발하여 광복동 길을 따라 용두산공원 에스컬레이터 밑으로 내려갔다. 여기는 원래 옛 가요에도 나오듯이 한 계단 두 계단 일백구십사 계단이었다. 이 에스컬레이터는 1997년 10월부터 1998년 2월까지 차례로 1호기부터 4호기까지 설치되었으며, 총 길이는 87m로 용두산공원과 광복로 패션거리를 연결한다. 에스컬레이터 양쪽 옆으로 계단도 있다. 당시의 관계자에 의하면 최대한 계단 수를 맞춰 보려고 했고, 캐노피가 덮여 있는 계단은 164계단이었다.

용두산공원에 설치된 에스컬레이터를 타고 오르다 보면 에스컬레이터 세 번째와 네 번째 사이에 오른쪽으로 나가는 쪽문이 있고 그 문을 나가면 부산시민들의 건강을 위한 체력단련장이 있는데 바로 그곳에 1911년 신축하여 1912년 개관한 부산도서관이 있었다.

〈그림 54〉 용두산공원 에스컬레이터 입구   〈그림 55〉 용두산공원 에스컬레이터

〈그림 56〉 1911년 건축된 용두산공원 체력단련장에 있었던 부산도서관 전경

<그림 57> 용두산공원 체력단련장   <그림 58> 1954년 화재 흔적이 남아 있는 돌담

지금은 1954년의 화재로 불에 탄 돌담이 마치 꽃을 피운 듯한 흔적으로 남아 있다.

체력단련장에서 아래로 내려다보이는 곳에 관수가가 있었다. 체력단련장에서 내려와 관수가로 올라가는 계단 밑에 섰다. 이 계단은 비록 가운데 철골 손잡이가 설치되어 있지만 관수가가 있을 때 계단 그대로였다. 계단의 폭과 높이는 옛날 양반들이 뒷짐을 지거나 곰방대를 흔들면서 계단을 오르내릴 때 최적화된 규격이라고 한다. 그래서인지 오르내릴 때 보폭이 맞지 않아 불편하다고 느꼈다.

관수가 터는 개항 때는 초량공관으로, 개항 후에는 일본부산관리청(1876년), 부산일본영사관(1880년), 부산이사청(1906년), 한일합방

부산이사청
1909년 ~ 1910년
부산부청(부산시청)
1910년 ~ 1936년
부산부립도서관
1936년 ~ 1938년 화재

釜山理事廳
1909 ~ 1910
釜山府廳
1910 ~ 1936
釜山府立圖書館
1936 ~ 1938

부산부윤관사
1938년 ~ 1945년

현재 부촌갈비
~ 2013년

釜山府尹館舍
1938 ~ 1945

現,富村
~ 2013

〈그림 59〉 부산부립도서관이 있었던 관수가의 변천

후에는 부산부청의 청사(1909년) 건물로 사용되다가 1937년 부산
부립도서관 건물로 사용하게 되었다. 지금은 MU호텔이 위치하고
있다.

　관수가 계단 밑에 서서 위로 올려보았다. 관수는 저 위에서 남쪽
바다를 내려다보면서 언제나 일본으로 돌아갈까 갈망하였을 것이
다. 계단 왼쪽 아래에 부산이사청과 부산부립도서관에 관한 안내
표지판이 있고, 계단 오른쪽 아래에는 박재혁 의사를 기리는 표지
판이 하나 서 있다. 〈그림 59〉의 왼쪽 사진에서 오른쪽 아래 계단과
오른쪽 사진에서 자동차가 주차해 있는 곳이 일제강점기 부산경찰
서가 있던 곳이다.

<그림 60> 관수가로 올라가는 계단과
계단 위 끝의 MU호텔(관수가 터)

박재혁 의사는 1895년 5월 17일 부산 동구 범일동 가난한 집안의 3대 독자로 태어났다. 상하이로 간 후 1920년 3월 어느 날 의열단장 김원봉으로부터 독립운동 제안을 받았다. 당시 의열단에서는 1920년 초 일명 '진영사건(進永事件)' 등으로 인하여 많은 독립운동가가 계속 부산경찰서에 붙잡혀 고문, 투옥되자 이에 부산경찰서장 하시모토 슈헤이(橋本秀平)의 암살을 기획하였다. 1920년 8월 31일 김원봉으로부터 1902년산 주철로 만든 러시아식 원통형 폭탄 1개와 300엔 외에 여비 50엔을 받았으며 박재혁 의사는 스스로가 폭탄이 되기로 마음먹었다.

그리고 1920년 9월 14일 화요일, 그날은 비가 내렸다. 부산경찰서 서장실에서 폭탄 투척 후 바로 체포되었고, 부산지방법원에서 사형선고를 받았다. 1921년 5월 11일 대구형무소에서 단식투쟁 중 27세로 옥중 순국하였다.

"일본인 손에 죽기 싫어서 오늘까지 4~5일간 단식 중이다"라고 말하며 "사형을 당하기 싫다"고 했다. 그로부터 며칠 후 박재혁은

〈그림 62〉 부산경찰서
(〈그림 61〉의 표지판 사진 확대)

〈그림 61〉
박재혁 의사
안내 표지판

자진(自盡) 절명(絶命)했다. 박재혁은 일제의 사형에 따른 수치스러운 죽음보다 스스로 단식을 통해 명예로운 죽음을 택했다. 1962년 3월 건국훈장국민장이 추서되었고, 1966년 4월 동작동 국립묘지에 안장되었다.

3. 부산부립도서관

사립부산교육회에서 운영하고 있던 부산도서관을 1919년 4월에 부산부로 이관하여 명칭도 부산부립도서관으로 개칭하였고, 사립

〈그림 63〉 오른쪽 계단 옆은 부산경찰서,
계단 위는 일본이사청이다.(출처: 부경근대사료연구소)

〈그림 64〉 1926년경 부산부청시기 건물

공공도서관으로부터 공립공공도서관으로 전환되었다가 건물의 노
후로 1937년 9월경에 부립도서관을 구 부청사 건물로 이전하기로
하였다.

　구 부청사 건물은 1880년 일본영사관 건물로 신축되어 그 후 부

산이사청, 부산부청사 건물로 사용되다가 1936년 3월 31일 영도대교 입구 쪽에 부산부청사가 신축되어 옮겨감으로써 부립도서관 건물로 사용하게 되었다. 부립도서관은 1937년 8월 9일 이전을 시작하여 8월 16일 구 부청사 건물 도서관에서 업무를 시작하였으나 1938년 2월 9일 오후 8시 5분경에 화재가 발생하여 불이 지하의 서고까지 옮겨붙었고, 이 화재로 인하여 건물이 소실되어 버렸다.

4. 부산시립도서관

부산부립도서관은 1938년 도서관에 불이 나 옛 용두산 건물로 다시 옮겨졌다가 해방을 맞은 1945년 동광동에서 공식 출범하였으나 해방 직후 행정 공백으로 인하여 도서관을 휴관하여 오다가 1945년 12월 25일 재개관하였다. 1948년 8월 15일 대한민국정부가 수립되었고, 부산은 새로운 행정 체제 속에서 1949년 8월 15일 부제(府制)가 시

〈그림 65〉 부산시립도서관
(1945년 12월~1963년 7월)

제(市制)로 개칭되어 비로소 부산시가 되었다. 부산부립도서관 역시 1949년 8월 15일에서야 부산시립도서관으로 변경되었다. 1952년 6월 교육자치제 실시로 부산시교육위원회에서 이관하여 일을 맡아서 처리하게 되었다.

부산시립도서관이 있었고 부산시교육위원회가 있었던 부산호텔을 방문하여 안내데스크에서 부산시교육위원회가 있었던 기록이 있는지 문의하였더니 그런 기록은 없다고 하였다.

5. 부전도서관

마지막으로 서면에 있는 부산광역시립부전도서관을 방문하여 부전도서관 탐방 일정을 마무리하였다. 1963년 8월 5일 부산시립도서관이 부전동에 도서관을 신축하여 개관하였다. 1978년 부산시립 부산도서관으로 관명을 변경하였고, 1982년에는 부산직할시립 시민도서관으로 변경하면서 1982년 8월 17일 초읍동에 신축 이전하였고, 같은 날 동시에 부산시립도서관은 부산직할시립 부전도서관으로 재탄생한 것이다.

현재는 공공개발을 앞두고 정밀안전진단에서 최하위등급인 E등급을 받아 휴관 중이다.

우리나라 최초 근대공공도서관의 시작점이 부산에 있고, 부산시립도서관, 부산시민도서관으로 자라고 있다. 그 가운데 부산도서관

〈그림 66〉 마지막 탐방지인 부전도서관에서 마무리하다

의 씨앗이 어떻게 뿌리를 내리고 자라왔는지, 그리고 어디까지 자랄 수 있으며 자라야 하는지를 장소, 건물을 중심으로 역사의 발자취를 찾아보는 데 주력하였다.

이러한 탐방 기행을 영상으로 담았다.[1]

맺음말

    부전도서관 탐방을 계획하고 답사하면서 초량왜관까지 거슬러 올라가게 될 줄은 몰랐다. 구한말 우리나라는 일본의 강압적 위협에 의해 조일수호조규(또는 병자수호조약) 체결로 일본에 대하여 강제 개항을 당했다. 1876년, 개항 때는 초량공관이었던 관수가가 있던 자리에 일본의 외교기관인 일본부산관리청(본정 2정목 11번지) 설립되었고, 1877년 1월 30일에는 초량왜관은 치외법권 구역인 일본 전관거류지로 계승되어 일본인 전관거류지가 설정되었다.

    1897년 고종이 선포한 대한제국은 1910년 8월 29일까지 계속되었고, 이 시기인 1901년 동주여고가 있던 곳에 일본홍도회 부산지회에서 홍도도서실을 개실하였다가 1903년 개축하여 '부산도서관'이라는 관명을 사용하였다. 1910년에는 일본에 나라를 강탈당하였고 1911년에는 부산사립교육회가 인계하여 1912년에는 용두산공원 중턱, 현재의 체력단련장이 있는 곳에 '부산도서관'을 신축 개관하였다.

1919년 4월에 부산부로 이관하여 공립공공도서관인 부산부립도서관으로 변경되었으며, 부산부청이 용미산 자리의 신청사로 옮겨가면서 1937년 9월부터 이곳은 부산부립도서관이 되었고 3만여 권의 장서를 갖췄다. 하지만 1938년 2월 9일 부산부립도서관에 발생한 화재로 건물은 소실되어 용두산 중턱의 구 도서관 건물에 다시 이관하였다.

해방 직후 행정의 공백을 계기로 도서관을 휴관하였다가 1945년 12월 25일 동광동 시교위청사인 건물에 이관하여 부산부립도서관을 재개관하였고, 1949년 8월 15일을 기하여 '부산시립도서관'으로 관명을 변경하였다. 그 후 1963년 8월 5일 부전동에 부산시립도서관을 신축하여 개관하였다. 그리고 1978년 부산직할시립 부산도서관으로 관명을 변경하였다가 1982년 4월에는 부산직할시립 시민도서관으로 관명을 변경하였고, 1982년 8월 17일 부전동에서 초읍동으로 신축 이전하여 개관하였다. 같은 날 같은 시간 부전시립도서관 건물은 부산직할시립 부전도서관으로 탄생한 것이다.

그렇다.
까맣게 모르고 살았다.
책을, 도서관을, 그렇게 좋아하면서도
용두산공원에 올라 이리 저리 산책을 하면서도
용두산 194계단을 가위바위보 하면서 쉬엄쉬엄 헉헉대면서 올라다니면서도

부산타워에 올라가서 광복동 남포동 시내를 내려다보면서도

광복동을 내 집 가듯이 드나들면서도

동주여상(현 동주여고)에 다니는 친구가 있었음에도

동주여고가 1901년 우리나라에서 처음으로 근대공공도서관이 모습을 드러내기 시작한 곳이었다는 것을.

용두산공원을 한 계단 두 계단 오르다 보면 숨이 깔딱깔딱하는 곳을 지나 이제야 겨우 끝이 보일 무렵 오른쪽에 시민을 위한 체력단련장이 있는 그곳에 1911년에 신축한 부산도서관이 있었다는 것을.

용두산공원 아래 지금은 MU 호텔이 있는 바로 거기에 1937년 부산부립도서관이 있었다는 것을.

백산기념관 쪽으로 가다 보면 부산호텔이 있는 그곳에서 해방된 1945년 12월 25일 크리스마스에 부산부립도서관이 재개관을 하였다는 것을.

그리고 바로 거기에서 1949년 부산시립도서관이 시작하였다는 것을.

도서관 밥을 40년을 먹고 살면서도 이렇게 무심하였다니, 미안하고 부끄럽다. 이제 이를 조금이라도 만회해 보려고 온갖 힘을 다하여 부전도서관과 관련된 역사의 흔적을 최대한 밝혀 보려 하였다.

부전도서관 탐방을 준비하면서 발로 뛰고 다른 연구자료들을 검토하면서 아무 생각 없이 무심히 보아 넘겼던 일들이, 건물들이, 장

소들이 한 점에서 만나고 또 다른 곳으로 이어지는 것을 보면서 놀랍기도 하고 신기했다. 하여 이 무더위에 시원한 청량제를 뿌리는 것같이 점점 흥분되었고 이런 느낌을 고스란히 전달하여 함께할 수 있기를 기대하면서 준비하였다.

부산의 공공도서관은 대한제국(大韓帝國) 광무(光武) 5년이자 20세기의 첫 번째 해인 1901년, 비록 치외법권지역인 일본인거류민단지에서 일본인에 의해 일본인의 자본으로 일본인을 위한 도서실로부터 시작되었지만 결국은 이 땅에 근대공공도서관의 씨앗이 되어 뿌리를 내리고 자라왔던 시간이 123년의 세월을 굽이굽이 흘러 여기까지 왔는데 아뿔싸, 그 시곗바늘이 일시 정지하여 어제도 오늘도 아닌 내일을 기다리고 있는 것이다. 하지만 부전도서관은 절대 멈추지 않을 것이다. 그리고 한 발짝만 떼면 미래를 향하여 계속 흘러갈 것이다.

지금까지 우리는 부산에서 근현대 역사의 풍경과 도서관의 발자취를 더듬어 보았다. 현재의 부전도서관 뜰에 서서 부산과 한국 사회의 문화 비전을 바라본다. 독립운동가들과 근현대 한국 사회를 가꾸기 위해 도서관에서 공부하고 사회 각계에서 헌신하고 봉사하는 분들을 생각해 본다. 현재의 남녀노소와 미래 세대를 생각하면서 세계적인 명문 도서관으로서 부전도서관의 미래를 그려본다. 우리가 미래를 바라보면서 과거의 발자취와 울림을 반영하고, 과거를 기억하고 현재의 문제를 풀면서 나아갈 때 밝은 미래를 기약할 수 있을 것이다.

현재 부전도서관은 잠시 멈춰 있다. '0시의 부전도서관'. 무한한 선택과 가능성을 가지고 우리의 부전도서관의 역사를 다시 쌓으려고 그 향방을 기다리고 있다. 이제 과연 우리의 유서 깊은 부전도서관은 어디로 가야 할 것인가? 온 국민에게 묻고 싶다. 쇼핑몰이든 청소년문화센터든 그 어느 한켠에 전시물로 전락시킬 것인가? 우리의 아픈 역사를 기억하고 추억하면서 미래를 위한 도약으로 삼을 것인가?

외부에서 부산은 문화의 불모지라고 말한다. 부산의 도심 서면도 마찬가지다. 서면특화거리의 특화는 무엇인가. 쇼핑몰, 음식점, 유흥주점의 특화인가. 그렇다면 이런 서면과 서면특화거리에는 문화는 없다. 그나마 부전도서관은 문화가 없는 서면의 문화이고 휴식처이고 여유이다. 이용객이 늘어 부전도서관이 좁다는 의견이 많다. 그렇다면 이용객들을 위해 대책이 마련되어야 한다. 상업시설과 공유하는 도서관은 제고되어야 한다. 서면에서 문화를 느낄 수 있는 도서관, 예술이 함께 있는 도서관, 시민과 논의하고 합의점을 찾아 개발하는 도서관이길 바란다.

최근에 부산에는 2개의 훌륭한 도서관이 개관하였다. 바로 2020년에 개관한 부산도서관과 2022년에 개관한 국회부산도서관이다.

2020년에 개관한 부산도서관을 방문해 보았다. 부산대표도서관으로서의 면면을 훌륭히 갖추고 있음을 실감할 수 있다. 부지 10,381m², 연면적 16,305.44m²(지하 2층, 지상 4층)로 1층 중앙홀은 넓게 높게 트여 환영받는 느낌이다. 1층에는 꿈뜨락어린이실, 2층

자료실에는 책마루와 계단서가, 디지털존, 독서동아리를 위한 소담방이 배치되어 있다. 3층 자료실에는 책누리터, 부산애뜰이 있다. 그리고 4층에는 바람쉼터라는 야외 휴게공간이 있다. 살짝 느꼈겠지만, 각 실의 이름이 주제를 가지면서도 아름답다. 지하 1~2층 보존서고와 귀중서고는 다른 공공도서관들과 공존하는 공간으로 대표도서관으로서의 기능을 수행하는 곳이다. 구석구석까지 이용자의 편의를 위해서 때로는 웅장하게, 때로는 아기자기하게, 때로는 재미있는 미로처럼 설계되어 있다. 마치 지구상 최상의 도서관을 이용자에게 제공하겠다는 사서들의 의지와 고민과 노력이 엿보인다. 다만 주차장 이용이 조금 불편하기는 하다. 홈페이지를 방문하면 보기 쉽고 아름답게 잘 만들어진 부산도서관을 온라인에서도 이용할 수 있다.

2022년에 개관한 국회부산도서관을 방문해 보면 각 공간은 높고 넓어서 소음을 느낄 수 없을 정도로 쾌적하기가 이루 말로 다할 수가 없다. 아기가 엄마 등에 업혀 와도 좋고 엄마 아빠 손을 잡고 아이들이 와도 전혀 소란스럽지 않다. 바깥이 환히 보이는 유리벽으로 이루어진 사면은 오히려 눈의 피로를 줄여주는 것 같다.

이처럼 두 도서관 모두 훌륭한 시설을 갖추고 있다. 하지만 국회부산도서관은 명지에 위치하고 있고 부산도서관은 덕포동에 위치하고 있어서 도심에서 다소 떨어져 있다. 그럼에도 불구하고 항상 이용자들로 북적인다. 그렇다면 현 부전도서관 부지에 이 두 도서관의 시설을 갖춘 도서관이 들어선다면 아마 폭발적인 인기를 누리지 않을까 싶다. 70년 만에 국회부산도서관이 돌아왔다면 부산시립도서관도 60년이든 70년이든 화려한 부활을 기대해본다.

　　내일의 부전도서관은 지금처럼 쉽게 접근할 수 있고,

　　이왕이면 주차하기도 편리하고,

　　대문을 열고 들어가면 날마다 형형색색의 꽃과 나무들이 향기를 내뿜으며 맞아주고,

　　대문을 지나 1층 현관문을 열고 들어가면 확 트인 서고가 대접하듯이 반겨주고,

　　곳곳에 편하게 책도 보고 이것저것 작업도 할 수 있는 의자와 책상이 있고,

　　주제별로 3층 정도면 좋겠다.

　　층층이 배열되어 있는 책들과 함께 숨쉬며,

　　교양과 지식을 쌓고 치유받고 행복하고 싶다.

　　위로받고 쉬고 싶을 때 자연스럽게 혼자라도 슬그머니 찾을 수 있고,

　　다른 사람 의식하지 않고 오롯이 혼자만의 도서관이라고 느낄 수 있으면 좋겠다.

　　그러다가 문득 옛날의 도서관이 그리워지면

　　구름다리를 건너 도서관박물관으로 발걸음을 옮길 수도 있으면 좋겠다.

한시바삐 부산시민뿐만 아니라 부산시립도서관에 대한 추억이 있는 모두에게 또 다른 추억을 만들어 주고 편안하고 즐거운 놀이터로서, 정보센터로서 근사한 부산시립도서관이, 부전도서관이 재탄생하기를 소망한다. 0시의 마법에서 풀려나 한 발짝 현실로 돌아와 주기를 갈망한다. 부전도서관, 절대 멈추지 않으리라.

부산광역시의 국공립공공도서관과 개관일의 역사

부산광역시의 국공립공공도서관은 부산광역시가 직접 운영하여 부산 내 공공도서관의 총괄 역할을 하는 '부산도서관'(2020년 11월 4일 개관)과 국립도서관으로 2022년 4월 1일 개관한 '국회부산도서관'을 비롯하여 부산광역시, 부산광역시교육청, 각 자치구 산하에 49개의 공립공공도서관이 있다. 현재 1개관이 휴관 중(부전도서관)이며, 2024년 4월 23일 양정 기적의 도서관이 새로이 개관을 하였다. 2024년 하반기에는 우암공공도서관이 개관을 앞두고 있으며, 2025년 2월에는 덕천도서관이 개관할 예정이다.

부산광역시의 공공도서관의 명칭은 행정직제에 따라 변경된 부산시의 명칭과 직결되어 있다. 부산시 명칭의 변천 과정을 보면 일제강점기에 부산은 경상남도 부산부였으며, 1914년 4월 1일 부산부와 동래군으로 분할되었고 기장군이 동래군으로 편입되었다. 1949년 8월 15일 부(府)를 시(市)로 개칭하면서 부산시가 되었고,

1963년 1월 1일 경상남도 관할에서 직할시로 승격하였다. 그러나 당시에는 '부산직할시'가 아니라 그냥 '부산시'였고, 단지 정부 직할이기 때문에 앞에 경상남도만 붙지 않았다. 1981년 4월 4일 지방행정에 관한 임시조치법 개정으로 비로소 부산직할시로 공식 명명되었고, 1995년 1월 1일에 직할시가 광역시로 일괄 개칭되어 부산직할시에서 부산광역시로 되었다. 이때 기장군이 부산광역시로 편입되었다.

부산의 공립공공도서관 역시 부산시 행정구역의 변천에 따라 도서관의 명칭도 변경되었다. 이에 1995년 1월 1일 부산광역시로 변경되기 전에 개관한 부산시립도서관은 1995년 1월 1일에 일제히 부산광역시립○○○도서관으로 도서관명이 변경되었다.

부산의 공립공공도서관을 개관 날짜순으로 정리해보면 다음과 같다. 기장군립도서관은 부산시로 편입된 날짜를 기준으로 한다.

1897년 : 고종이 대한제국을 선포, 1910년 8월 29일까지 계속
1901년 4월 : 사립부산교육회 창설
1901년 10월 10일 : 서산하정 8번지에 일본홍도회 부산지회 홍도도서실 설치
1903년 : 부산도서관으로 명명
1911년 5월 : 부산도서관을 사립부산교육회가 승계
1912년 6월 : 용두산 중턱(본정 2정목 20번지, 현 체력단련장)으로 신

축 이전 개관

1919년 4월 : 부산부로 이관하여 공립공공도서관인 부산부립도서관으로 변경

1937년 8월 9일 : 구 부산부청사 건물로 부산부립도서관 이관

1938년 2월 9일 : 부산부립도서관에 화재가 발생하여 건물 소실, 건립된 지 59년 만에 멸실된 용두산 중턱의 구 도서관 건물에 다시 이관

1945년 12월 25일 : 동광동에 있는 시교위 청사에(현 부산호텔)에 이관하여 재개관

1949년 8월 15일 : 부산시립도서관으로 변경(부산부에서 부산시로 바뀜에 따라)

1963년 7월 22일 : 동광동에 있는 교육위원회 청사에서 부전동 신축도서관에 이전

1963년 8월 5일 : 부산시립도서관 신축도서관 개관식 거행

1968년 11월 20일 : 부산시립도서관 동래분관 개관(동래구 복천동)

　1996년 10월 1일 : 동래분관 폐관

1976년 1월 22일 : 부산시립도서관 수정분관 개관(동구 수정동 1034-29)

　1999년 1월 1일 : 부산광역시립중앙도서관 수정분관으로 소속 변경

　1999년 11월 26일 : 부산광역시립중앙도서관 수정분관 개축 개관

1978년 1월 6일 : 부산시립도서관에서 부산시립부산도서관으로 명칭 변경

1978년 3월 28일 : 반송도서관 개관

　1995년 1월 1일 : 부산광역시립반송도서관으로 명칭 변경

1978년 3월 28일 : 부산직할시립구덕도서관 개관

　1995년 1월 1일 : 부산광역시립구덕도서관으로 명칭 변경

1981년 4월 4일 : 부산시립부산도서관에서 부산직할시립부산도서관으로 명칭 변경

1982년 4월 8일 : 부산직할시립부산도서관에서 부산직할시립시민도서관으로 명칭 변경

　1982년 8월 17일: 현 위치인 부산진구 초읍동으로 신축 이전 개관

　1995년 1월 1일 : 부산광역시립시민도서관으로 명칭 변경

1982년 6월 10일 : 부산직할시립해운대도서관 개관(해운대구 우동1로 89)

　2002년 4월 12일 : '평생학습마을' 개소

　2010년 4월 2일 : 부산광역시립해운대도서관 신축 개관(해운대구 양운로 183) 기존 해운대도서관은 우동분관

　2011년 1월 26일 : '평생학습마을'을 '꿈사랑작은도서관'으로 명칭 변경

　2014년 9월 23일 : 꿈사랑작은도서관 정관 신시가지로 이전 개소

1982년 8월 17일 : 부산직할시립시민도서관이 부산진구 초읍동으로 신축 이전 개관

1982년 8월 17일 : 부산시립도서관 건물에서 부산직할시립부전도서관 개관

1995년 1월 1일 : 부산광역시립부전도서관으로 명칭 변경

1983년 5월 18일 : 부산직할시립서동도서관 개관

1995년 1월 1일 : 부산광역시립서동도서관으로 명칭 변경

1983년 7월 19일 : 부산직할시립구포도서관 개관

1995년 1월 1일 : 부산광역시립구포도서관으로 명칭 변경

1984년 9월 25일 : 부산직할시립사하도서관 개관

1995년 1월 1일 : 부산광역시립사하도서관으로 명칭 변경

1987년 3월 6일 : 부산직할시립연산도서관 개관

1995년 1월 1일 : 부산광역시립연산도서관으로 명칭 변경

1990년 4월 28일 : 부산직할시립중앙도서관 개관

1995년 1월 1일 : 부산광역시립중앙도서관으로 명칭 변경

1994년 3월 29일 : 부산직할시립명장도서관 개관

1995년 1월 1일 : 부산광역시립명장도서관으로 명칭 변경

1996년 7월 1일 : 영도도서관 개관(부산광역시 영도구 도서관으로 개관 부산 최초의 자치구 도서관)

1996년 12월 26일 : 금정도서관 개관

1997년 7월 1일 : 남구도서관 개관

1998년 1월 8일 : 부산광역시 강서도서관 개관

1998년 4월 9일 : 동구도서관 개관

1999년 11월 24일 : 반여도서관 개관

2002년 2월 8일 : 북구디지털도서관 개관

  2022년 1월 5일 : 만덕도서관 관명 변경 및 증축 개관

2002년 7월 15일 : 수영구도서관 개관

  2022년 4월 22일 : 수영구도서관 재개관

2003년 2월 28일 : 기장도서관 개관

2003년 3월 8일 : 사상도서관 개관

2006년 10월 31일 : 재송어린이도서관 개관

2009년 7월 1일 : 수영구도서관 망미분관 개관

  2021년 7월 1일 : 수영구도서관 망미분관을 망미도서관으로 명
  칭 변경

2009년 7월 1일 : 부산광역시립중앙도서관 분관 부산영어도서관
개관

  2024년 1월 1일 : 부산광역시립구포도서관으로 이관

2010년 2월 5일 : 화명도서관 개관

2010년 3월 19일 : 다대도서관 개관

2010년 10월 22일 : 영도어린이영어도서관 개관

  2020년 11월 24일 : 영도도서관 남항분관으로 명칭 변경

2013년 6월 1일 : 정관어린이도서관 개관

2014년 7월 17일 : 연제도서관 개관

2015년 8월 4일 : 정관도서관 개관

2015년 10월 29일 : 동래읍성도서관 개관

2016년 1월 29일 : 부산진구어린이청소년도서관 개관

2016년 7월 21일 : 대라다목적도서관 개관

2016년 9월 24일 : 금곡도서관 개관

2016년 11월 10일 : 안락누리도서관 개관

2018년 3월 16일 : 해운대인문학도서관 개관

2018년 10월 23일 : 부산강서기적의도서관 개관

2019년 2월 28일 : 동구어린이영어도서관 개관

2018년 5월 29일 : 분포도서관 개관

2020년 5월 29일 : 고촌어울림도서관 개관

2020년 5월 29일 : 내리새라도서관 개관

2020년 11월 4일 : 부산도서관 개관

2020년 12월 24일 : 북구상학도서관 개관

2020년 12월 24일 : 화명도서관 분관 솔밭도서관 개관

2021년 6월 25일 : 수영구어린이도서관 개관

2021년 8월 10일 : 부산광역시 지사도서관 개관

2021년 11월 10일 : 금샘도서관 개관

2022년 4월 1일 : 교리도서관 개관

2022년 9월 20일 : 부산시청열린도서관(들락날락) 개관

2024년 4월 23일 : 양정 기적의 도서관 개관

2024년 하반기 : 우암동공공도서관 개관 예정

2025년 2월 : 덕천도서관 개관 예정

이상의 개관 일자를 기준으로 부산의 공공도서관의 분포와 관할, 도서관명을 표로 정리하면 다음과 같다. 그리하여 부산광역시의 공공도서관은 구립 25개관, 군립 7개관, 시교육청 14개관, 광역시립과 시립 4개관, 그리고 2024, 2025년 개관 예정인 2개관을 포함하면 총 52개관이다.

덧붙여서 부산영어도서관은 2024년 1월 1일 조직개편에 따라 부산광역시립중앙도서관에서 부산광역시립구포도서관으로 이관하여 부산광역시립구포도서관분관 부산영어도서관으로 변경되었다.

<표 7> 부산광역시 도서관의 분포, 관할, 도서관명

부산광역시의 도서관		
분 포	관 할	도서관명
강서구	구립	강서도서관·강서기적의도서관·지사도서관
금정구	시교육청	부산광역시립서동도서관
	구립	금샘도서관·금정도서관
남구	구립	남구도서관·분포도서관
동구	시교육청	부산광역시립중앙도서관 수정분관
	구립	동구도서관·동구어린이영어도서관
동래구	시교육청	부산광역시립명장도서관
	구립	동래읍성도서관·안락누리도서관
부산진구	시교육청	부산광역시립시민도서관·부산광역시립부전도서관
	구립	부산진구어린이청소년도서관·부산진구기적의도서관
북구	시교육청	부산광역시립구포도서관·부산광역시립구포도서관분관 부산영어도서관

	구립	금곡도서관·디지털도서관·만덕도서관·화명도서관
사상구	광역시립	부산도서관
	구립	사상도서관
사하구	시교육청	부산광역시립사하도서관
	구립	다대도서관
서구	시교육청	부산광역시립구덕도서관
수영구	시 립	망미도서관·수영구도서관·수영구어린이도서관
연제구	시교육청	부산광역시립연산도서관
	구립	연제도서관
영도구	구립	영도도서관·영도어린이영어도서관
중구	시교육청	부산광역시립중앙도서관
해운대구	시교육청	부산광역시립반송도서관·부산광역시립해운대도서관 ·해운대도서관 우동분관
	구립	반여도서관·재송어린이도서관·해운대인문학도서관
기장군	군립	고촌어울림도서관·교리도서관·기장도서관·내리새라도서관 ·대라다목적도서관·정관도서관·정관어린이도서관
합계	구립	25개관
	군립	7개관
	시교육청	14개관
	시립	4개관
개관예정		2개관(덕천도서관·우암동공공도서관)
총합계		52개관

부록 2

부산도서관 관련 일제강점기 문헌들

홍도회와 부산도서관에 관한 내용이 기록된 일제강점기 당시의 자료들을 찾아보았다. 다음은 발행된 순서대로 정리한 것이다.

1. 『釜山港勢一斑』

『釜山港勢一斑』[1]은 1905년에 발행되었고, 홍도회와 부산도서관에 관한 내용이 기록되어 있다. 일본홍도회가 언제부터 부산항에 거주하였는지는 알 수 없지만 부산지회는 1897년 설립되었음을 알 수 있다. 홍도회와 부산도서관에 관한 내용을 살펴보면 다음과 같다.

홍도회의 사업 :

메이지 30(1897)년 5월 본항(부산항)에 거주하는 일본홍도회 회원 다수가 발기하여 그곳(부산항)에 일본홍도회 부산지회 설치를 의결하고 규약을 제정하여 본회에 신청하고 허가를 받아 지회를 설립하였다. 현재의 직원 및 회원은 다음과 같이 지회장, 간사, 평의원, 회원이다.[2]

메이지 32(1899)년 2월 중학교 과정 수업을 개시-본항에는 공립소학교 외 아직 중학교의 설비가 안 되어 당회가 본국(일본) 중학과정을 수업하기로 하고, 2월 12일 개교식을 거행하여 동월 15일부터 수업을 개시하였다. 강사는 당회원인 외(교부)영사관원, 주둔부대 장교 등, 특히 찬성하여 각 과목을 담당하게 되었다. 입학생도 일본인, 한국인을 합하여 40여 명, 단 당회가 아직 교사(校舍)가 없어서 처음에는 혼간지(本願寺, 본원사) 별원의 방 하나를 빌려 교육하고 후에 공립소학교 교실 하나를 빌려 이곳으로 옮겼다.

메이지 34(1901)년 공립소학교가 보습과를 설치하게 되어 당회 중학교 수업을 중단하고, 서산하정(西山下町)의 빌린 땅에 임시로 가옥 하나를 건축하여 도서실을 설치하였다. 아울러 당회 사무소에서 충분한 도서를 모아, 널리 대중에게 열람을 시키기 위해 적당한 도서관으로 개축하는 기획을 하여 동 10월 해당 가옥 준공을 알리고 회원은 물론 일반대중 열람을 개시하였다.

36년(1903년) 7월 당 지부 회원 및 부산항에 거주하는 특별특지가의 주창에 의해 서산하정 9번지에 도서관을 건축하여 부산도서관이라 칭하고, 경비는 일반특지가의 기부금으로 이를 충당하고 7

월에 공사를 시작하며 11월 낙성하여 종래의 도서실 및 강습과에서 이를 수행한다. 상본관 내 좌석은 각 단체의 집회담화, 기타 고상한 오락에 제공하고 또한 금원 및 물품 등의 기증자는 관빈으로서 상당한 대우를 받을 것이다.

도서관 :

부산항에는 아직 공립도서관이 없고 다만 홍도회 부산지회의 사설 서적실이 있으므로, 그 장서의 대부분은 유지자의 기증과 관련된 것으로 하고 설비가 불충분하더라도 독서계를 이익하는 불모 본실도 장차, 회무의 확대에 따라 점차 유익한 서적을 수집하여 완전한 도서관이 되어야 하는 설계라고 한다.

2. 『釜山要覽』

『부산요람』[3]은 1912년 발행되었고, 부산교육회와 부산도서관에 관한 내용이 기록되어 있다. 부산교육회[4]는 민단역소(民團役所) 내에 있으며, 부산거류민단의 교육사업을 비보(裨補)[5] 발전할 목적으로 메이지 40년(1907) 2월 창설되었다.

부산도서관[6]은 용두산에 있으며, 메이지 30년(1897) 5월 부산에 있는 일본홍도회원 유지들의 발기로 일본홍도회 부산지회가 설립하였다. 메이지 34~5년(1901~1902)경 서산하정의 사무소 내에 홍도회 사업의 일환으로 사무실 내에 도서를 수집하여 일반대중에게 열람을 제공하였다. 이것이 부산도서관의 남상(濫觴)이 되었는데 메이지 36년(1903) 개축하여 부산도서관이라 칭하였다.

3. 『日鮮通交史』

『일선통교사』[7]는 1915년 발행되었다. 부산교육회와 부산도서관 설립과 관련하여 정리되어 있다. 부산교육회 본회[8]는 메이지 40(1907)년 2월 창설되었으며, 명예회원 3명, 종신회원 12명, 특별회원 46명, 보통회원 185명으로 조직되었다. 그 목적은 전공 교육에 관한 수요사항을 조사하는 데 있으며 그때그때 지명인사에 부탁하여 강연회를 열어 봄가을 두 계절에 운동회를 개최하거나 실업야학교, 도서관 등을 경영하였다.

부산도서관[9]은 송현산(지금의 용두산) 중턱 조망이 가장 좋은 곳에 부산교육회에 소속되었다. 처음에는 일본홍도회 부산지회가 메이지 34, 35년경 서산하정의 그 사무소 내에 도서를 수집하여 대중에 열람하게 하였다. 메이지 36년 그 사무소를 개축하여 부산도서관이라 칭하였다. 규모는 적지만 (…) 이를 부산교육회가 계승하여 메이지 44(1911)년 11월 신관을 건축하여 다음 해 메이지 45년 6월 개관한 것이 즉, 현 도서관(당시의 부산부립도서관)이었다.

4. 『釜山府勢要覽』

『부산부세요람』[10]은 1921~1932년에 부산부에서 출판하였다. 다이쇼 10(1921)년에 발행된 『부산부세요람』에는 '제3장 교육', 다이쇼 11(1922)년에 발행된 『부산부세요람』에는 '제3절 부산교육회', 그리고 다이쇼 12(1923)년에 발행된 『부산부세요람』부터는 '제3절 부산교육회 및 부립도서관'이라는 제목 아래 "부산교육회는 메이지 34년(1901) 4월에 창설되었다. 그리고 도서관은 메이지 34(1901)년 10월 일본홍도회 부산지부의 소속으로 설립 경영되었고, 메이지 44(1911)년 5월 부산교육회가 계승하여 용두산 중복에 회관을 건축하여 일반에게 열람을 제공하였으며, 다이쇼 8(1919)년부터 부산부에서 계승하여 무료로 일반열람을 제공하였다."라고 공통으로 기술되어 있다.

하지만 1912년에 발행된 『부산요람』에서는 부산교육회가 1907년 2월에 창설되었다고 하였는데, 1921~1932년에 발행된 『부산부세요람』에서는 메이지 34년 4월(1901년 4월)에 창설되었다고 기술되어 있어서 부산교육회가 언제 창설되었는지 명확하지 않다. 그리고 사립부산교육회라는 명칭도 나타나지 않았다.

다이쇼 11(1922)년에 발행된 『釜山府勢要覽』[11]의 내용을 살펴보면 다음과 같다.

원문:

第三節 釜山教育會

釜山教育會ハ明治三十四年四月ノ創設ニシテ目下會員二百五十名, 基本金四千圓餘アリ, 本會ノ目的ハ專ラ教育ニ關スル須要事項ヲ調査研究シ教育界ニ貢獻セントスルニ在リ, 實業夜學教及圖書館ヲ經營セシカ, 其後實業夜學教ハ廢址トナリ一時中絶ノ狀態ニ在リシカ大正九年四月ヨリ 香椎源太郎及福永政太郎ノ兩氏ニ 於テ之ヲ繼承シテ經營ノ任ニ當リ又圖書館ハ府ニ於テ經營スルニ至レリ

圖書館ハ 明治三十四年十月 日本弘道會釜山支部ノ 附屬トシテ設立經營セシカ, 四十四年五月之ヲ 釜山教育會ニ 繼承シ 龍頭山ノ山腹ニ 會舘ヲ 建築シ 一般ノ觀覽ニ 供セシカ 大正八年度ヨリ 之ヲ 釜山府ニ 繼承シ 無料ヲ以テ 一般ノ閱覽ニ供シ 書籍部數モ 今ヤ 和漢書 7,380冊 洋書286冊 計7,666冊ヲ數フルニ 至レリ 又 大正四年十一月 御大典紀念文庫ヲ 舘内ニ設ケ 一般ノ觀覽ニ 供シ 社會教育ノ爲貢獻スル所尠シトセス

번역:

제3절 부산교육회

부산교육회는 메이지 34(1901)년 4월 창설 당시부터 현재 회원 250명, 기본금 4천 원이 있다. 본회의 목적은 전공하여 교육에 관한 수요사항을 조사 연구하고 교육계에 공헌 등이 있다. 실업야학교 및 도서관에서 경영이랑 이후 실업야학교는 폐지되어 일시중절된 상태, 다이쇼 9(1920)년 4월경부터 香椎源太郎 및 福永政太郎 양씨 계승하여 경영에 임하여 또 도서관은 부에 있어서 경영하기에 이르렀다.

도서관은 메이지 34(1901)년 10월 일본홍도회 부산지부의 소속으로 설립 경영되었다. 메이지 44(1911)년 5월 부산교육회가 계승하여 용두산 중복에 회관을 건축하여 일반에게 열람을 제공하였다. 다이쇼 8(1919)년도부터 부산부에서 계승하여 무료로 일반 열람을 제공하였다. 서적은 일서 7,380책, 양서 286책으로 합해서 7,666책에 이르렀으며, 또한 다이쇼 4(1915)년 11월 대전기념문고를 관내에 설치하고 일반의 열람을 제공하여 사회교육을 위해 대단히 공헌하였다.

서적 수는 다이쇼 10년에 발행된 책에는 7천여 책으로 기록된 것을 일서와 양서로 구분하여 구체적으로 기술하고 있다.

다이쇼 12(1923)년에 발행된 『釜山府勢要覽』 35-36쪽[12]을 살펴보면 다음과 같다.

원문 :

第三節 釜山敎育會及府立圖書館

釜山敎育會ハ 明治三十四年四月ノ創設ニシテ 目下會員二百七十五名, 基本金五千二十圓アリ, 本會ノ 目的ハ 專ラ敎育ニ關スル 須要事項ヲ 調査研究シ 敎育界ニ 貢獻セントスルニ在リ,

曾テ 實業夜學教 及 圖書舘ヲ 經營セシカ, 其後實業夜學教ハ 廢址
トナリ 一時中絶ノ 狀態ニ 在リシカ 大正九年四月ヨリ 香椎源太郎
及 福永政太郎ノ兩氏ニ於テ之ヲ 繼承シテ 經營ノ 任ニ當リ 又圖書
舘ハ 府ニ於テ 經營スルニ 至レリ.

　圖書舘ハ 明治三十四年十月 日本弘道會釜山支部ノ 附屬トシテ
設立經營セシカ, 四十四年五月之ヲ 釜山教育會ニ 繼承シ 龍頭山
ノ山腹ニ 會舘ヲ 建築シ 一般ノ觀覽ニ 供セシカ 大正八年度ヨリ之
ヲ 釜山府ニ 繼承シ 無料ヲ以テ 一般ノ閲覽ニ供シ 讀書熱ヲ 喚起
シ 社會教育ニ 資スル 所尠カラス 藏置書籍モ 逐年其ノ 部數ヲ 增
加シ 今後ニ於テモ 經費ノ 許ス 範圍內ニ於テ 讀者ノ 需要應スル
ト 共ニ努メテ 婦人, 子供向ノ 書籍雜誌ヲ 購入シ 漸々 內容ノ 充實
ヲ 圖ル 計畫ナリ 尙大正四年十一月 御大典紀念文庫ヲ 舘內ニ 設
ヶ 一般ノ觀覽ニ 供シツ, アリ大正十一年中ニ於テル 舘內狀況左ノ
如シ.

　번역 :

제3절 부산교육회 및 부립도서관

　부산교육회는 메이지 34(1901)년 4월 창설 당시부터 현재 회원
275명, 기본금 5천2십 원이 있다. 본회의 목적은 전공하여 교육에
관한 수요사항을 조사 연구하고 교육계에 공헌 등이 있다. 실업야
학교 및 도서관에서 경영이랑 이후 실업야학교는 폐지되어 일시중
절된 상태, 다이쇼 9(1920)년 4월경부터 香椎源太郎 및 福永政太郎

양씨 계승하여 경영에 임하여 또 도서관은 부에 있어서 경영하기에
이르렀다.

　도서관은 메이지 34(1901)년 10월 일본홍도회 부산지부의 소속으
로 설립 경영되었다. 메이지 44(1911)년 5월 부산교육회가 계승하여
용두산 중복에 회관을 건축하여 일반에게 열람을 제공하였다. 다이
쇼 8(1919)년부터 부산부에서 계승하여 무료로 일반인의 열람을 위
해 독서열을 환기시켜 사회교육에 이바지하는 소장 서적도 해마다
그 부수를 증가시키고 향후에도 경비를 허락하는 범위 내에서 독
자의 수요에 부응하면 함께 노력하여 부인, 어린이용의 서적잡지를
구입하여 점점 내용의 충실을 도모할 계획이다. 다이쇼 4(1915)년
11월 대전기념문고를 관내에 설치하여 일반 열람에 제공되는 다이
쇼 11년 중에 관내상황은 왼쪽과 같다.

　밑줄 부분은 이전에 출판된 책에서보다 내용이 좀 더 보완되
었다.
　그리고 다이쇼 13(1924)년에 발행된『釜山府勢要覽』38쪽,[13] 쇼와
(昭和) 2(1927)년에 발행된『釜山府勢要覽』44쪽[14]을 살펴보면 부산
교육회는 메이지 34(1901)년 4월 창설 당시 회원 250명, 기본금 4천
원이었던 것이 회원수는 275명으로, 기본금은 5,200원으로 증가하
였음을 알 수 있다.

　쇼와 5(1930)년에 발행된『釜山府勢要覽』44-45쪽[15]을 보면 다음

과 같다.

원문:

第三節 釜山敎育會 及 府立圖書館

　釜山敎育會は明治三十四年四月の創設にして目下會員 二百七十五名, 基本金五千四百九十圓を有し專ら敎育に關する 須 要なる事項を調査し或は 講演會を開き一面には體育の奬勵に努め 尙ほ進んでは社會風敎の改善に盡す等敎育の進展に貢献する所尠 なからず, 曾て實業夜學敎及圖書舘を經營せしが其後商業夜學敎は 香椎源太郎及福永政太郎の兩氏に於て之か繼承經營の任に當り又 圖書舘は府に於て經營するに至れり.

　圖書舘は 明治三十四年十月 日本弘道會釜山支部の 附屬として 設立經營し同四十四年五月之を 釜山敎育會に繼承して龍頭山の山 腹に會舘を建築し一般の觀覽に供せしか大正八年度より之を 釜山 府に繼承し無料を以て一般の閱覽に供し讀書熱を喚起し社會敎育 に資する所尠からす, 爾來登舘者も增加し藏書も逐年其の部數を加 へ漸次內容の充實を見つある舘內狹隘にして不便尠からざる狀態 なり. 然ろに昭和二年十月 故男爵大倉喜八郎翁渡釜に際し圖書舘 建設資金として金壹萬五千圓を寄附せられたろを以て府は之な基 金として目下圖書舘改築計畫中なり,

　尙大正四年十一月御大典紀念文庫を舘內に設け一般の觀覽に供 しつつあり圖書舘狀況左の如し.

번역 :

제3절 부산교육회 및 부립도서관

부산교육회는 메이지 34(1901)년 10월 창설해서 현재 회원 275
명, 기본금 5,490원을 가지고 전공들 교육에 관한 꼭 필요한 사항
을 조사하거나 강연회를 열어 한쪽 면에는 체육 장려에 힘쓰고, 나
아가 사회풍교 개선에 진력하는 등 교육의 진전에 공헌하는 것은
대단하다. 일찍이 실업야학교 및 도서관을 경영하고 이후 상업야학
교는 香椎源太郎 및 福永政太郎 두 사람이 이어 계승하여 경영의
임무를 맡고 또한 도서관은 부에서 경영하기에 이르렀다.

도서관은 메이지 34(1901)년 10월 일본홍도회 부산지부의 부속으
로 설립 경영해 메이지 44(1911)년 5월 부산교육회가 계승하여 용
두산 중복에 회관을 건축하고 일반에게 열람을 제공하였다. 다이쇼
8(1919)년부터 이를 부산부에서 계승하여 무료로 일반인의 열람을
제공하고 독서열을 환기하여 사회교육에 이바지하는 바가 대단히
크다. 그 후 방문자도 증가하고 장서도 해마다 그 부수를 더해가면
서 내용의 충실을 찾아가고 있다. 관내가 좁아서 심히 불편한 상태
이다. 그리하여 쇼와 2(1927)년 10월 고 남작 대창희팔랑옹이 부산
에 왔을 때 도서관 건설자금으로 금 일만오천 원이 기부된 것을 가
지고 부는 지금 이 정도의 기금으로 목하 도서관 개축 계획 중이다.

다이쇼 4(1915)년 11월 대전기념문고를 관내에 설치하여 일반 열
람에 제공되는 도서관 상황은 왼쪽과 같다.

회원수는 여전히 275명이고 기본금은 5,490으로 증가하였으며, 고 대창희팔랑 남작이 기부한 15,000원으로 도서관 개축을 계획하고 있는 것으로 나타났다.

그 후 쇼와 9(1934)년 발행된 『釜山府勢要覽』 50쪽[16]을 보면 부산교육회 회원수는 365명으로, 기본금은 5,770원으로 증가하였고, 쇼와 11(1936)년 발행된 『釜山府勢要覽』 43쪽[17]을 보면 회원수가 403명으로 증가하였음을 알 수 있다.

5. 『釜山大觀』

『부산대관』[18]은 1926년 발행되었다. 부산부의 여러 시설과 함께 부립도서관을 소개하면서 사진도 수록하고 있다.

부립도서관은 메이지 34(1901)년 10월 일본홍도회 부산지부의 부속으로 설립되었고, 메이지 44(1911)년 5월 부산부교육회가 계승하고 용두산 중복에 신관을 건축하여 일반에게 열람을 제공하였으며, 다이쇼 8(1919)년 4월에 부산부에서 계승하여 무료로 일반열람을 제공하였다.

6. 『釜山敎育五十年史』

『부산교육50년사』[19]는 1927년 발행되었다.

부산교육회[20]는 메이지 40(1907)년 2월에 창립되었는데 교육에 직접 관계 있는 인사뿐만 아니라 널리 일반 유력한 인사를 망라하여 회원으로 하였다.

부산교육회는 부단히 일반 교육 교화 방면에 노력 공헌한 귀한 역사를 갖고 있다. 처음에는 내지인을 위하여 활동을 많이 하였으나 1911년부터는 부산 거주 내선인 일반을 목표로 교육사업을 벌여 나갔다.

부산교육회 회칙 중[21] 목적과 사업을 기록한 조항을 보면 아래와 같다.

제1조 본회는 부산교육회라 칭하고 부산부 내에 교육의 진전을 도모하는 것을 목적으로 한다.
제4조 본회에서 시행할 주요 사업은 아래와 같다.

1. 교육 학예에 관한 조사 연구 및 시설
2. 교육에 관한 의견의 발표
3. 교육 학예에 관한 강연회 및 강습회의 개설
4. 사회교육에 관한 시설 또는 지도 장려
5. 학사 시찰 또는 연구를 위한 회원의 파견

6. 교육상 공적이 있는 자의 표상

7. 교육관계자 공제의 시설 및 그것의 장려

8. 기타 본회의 목적을 달성하기 위하여 필요한 사항

부산도서관[22]은 현재(1926년) 부산부의 사회교육시설로 공립이지만 이렇게 되기까지는 몇 번의 변천이 있었다. 메이지 34(1901)년 10월 일본홍도회 부산지회는 서산하정에 있는 그 사무소 안에서 도서를 수집하여 일반 대중에게 열람을 제공한 것이다. 몇 해가 지나 메이지 36(1903)년 사무소를 개축하여 부산도서관이라고 명명하였으나 아직 빈약하였으며, 부산도서관 설립과 업무, 장서, 개관일수, 열람 인원, 일일 평균 경비가 기술되어 있다.

부산교육회는 이를 계승하여 메이지 44(1911)년 11월 신관을 용두산 허리에 건평 35평 외에 도서장 1동, 공비 6,800여 원을 들여 건축하고 메이지 45(1912)년 6월 개관하였다. 다이쇼 8(1919)년에는 부산부가 이를 계승하여 무료로 일반열람자를 유치하고 독서열을 환기시켜 사회교육에 도움을 주어왔다.

1927년 발행된 『부산교육50년사』에서는 부산교육회는 메이지 40(1907)년 2월에 창립되었다고 기술되어 있다. 그리고 회칙 제1조에서 분명히 부산교육회라 칭한다고 하였다.

7. 『釜山敎育』 제1권

『부산교육』[23]은 1927년 발행이라는 정보가 있으나 실제로 확인은 못 하였고 본문의 내용[24]을 참고하였다. 화보 다음에 페이지 매김 없이 '회지 창간에 즈음하여'에서 우리 부산교육회는 메이지 40(1907)년 창립한 후 성상이 25여 년이[25] 되었다는 것은 부산교육회는 1907년에 창립되었으며, 부산교육 제1권은 쇼와 8(1933)년 창간호가 발행된 발간된 것으로 추정된다.

8. 『朝鮮之圖書館』

『조선지도서관』[26]은 1931~1935년 발행되었고, 다음 내용이 기술되어 있다.

부산부립도서관[27]은 부산시가의 중앙 용두산공원 내에 있다. 메이지 34(1901)년 4월 일본홍도회 부산지회가 용두산 아래 동사무소 내에 도서를 수집하여 일반대중에게 열람을 제공한 것이 그 남상이다. 메이지 36(1903)년에는 사무소를 개축하였고, 부산도서관이라 칭하게 되었다.

메이지 44(1911)년 5월 부산교육회가 그 경영을 계승하였고, 그 위치는 용두산 중복 전망이 좋은 곳으로 옮겼다. 11월에 건축되어 다음 해 메이지 45(1912)년 6월 개관하였다.

그런데 다이쇼 8(1919)년에 이르러 이것은 부산부로 경영이 이관되어 관명을 부산부립도서관이라 칭하였다.

9.「釜山市立圖書館略史(1901年~1938年 을 中心に)」

「부산시립도서관약사: 1901년~1938년을 중심으로」[28]는 일제 강점기에 발행된 것은 아니고 2002년에 발행된 "松原孝俊(平成 14[2002]). 臺灣·朝鮮·滿洲に設立された日本植民地期 各種圖書館 所藏日本古典籍の書誌的硏究(硏究課題番號:12551007-00). 福岡: 九州 大學大學院言語文化硏究院, 143-169."의 내용을 해석하여 인용한 것이다.

이 논문의 목적은 조선반도에 설립된 부산부립도서관사 (1901~1945)를 기술함으로써 선장본을 비롯한 일본어 서적이 어떻게 조선반도 부산에 반입되었는지를 논하는 데 있다고 하였다. 1945년 8월 15일 패전을 기하여 일본인은 부산부립도서관에 약 22,000여 권의 서적을 남겨 둔 채 철수하였으므로 이들은 독립된 한국 정부에 접수되었다고 한다(『釜山府立圖書館略史』釜山市民圖書館, 1969년, 22쪽). 즉, 약 22,000여 권의 서적의 운명을 정리하였다(松原 孝俊, 143).

여기서 『釜山府立圖書館略史』釜山市民圖書館, 1969年은 찾지

못하였고, "釜山市立圖書館 略史. 金鍾文 編著. 釜山市立圖書館. 1969년" 22쪽에 있는 도서대장기록에 의하면 1945년 해방전까지의 장서 상황은 다음과 같다 하였다. 여기에서 위 내용을 유추할 수 있다.

〈표 8〉 1945년 해방 전까지의 장서상황

구 분	권 수	現 在 別
일 반 도 서	18,960	1941. 2. 26
기 념 문 고	2,043	1945. 7. 2
아 동 도 서	520	1943. 11. 15
양 서	890	1945. 6. 21
계	22,413	

주

서장

1 부산광역시립부전도서관 공지사항.(https://home.pen.go.kr/bujunlib/na/ntt/selectNttInfo.do?mi=12783&nttSn=613276)

2 김경희, 강동진, 최윤식, 이종민, 박리디아, 정다원, 김태완, 김명준(2023). 『부산의 도서관 공간지도』 : 부산. (재)부산연구원 부산학연구센터. 135쪽.

3 1997년 8월 22일 동의대학교 중앙도서관에 도메리 홈페이지를 구축하여 첫 서비스를 시작하였으며, 국내외 도서관과 관련된 이용자를 대상으로 회원 간 메일을 이용하여 상호 간의 새 소식과 각종 정보를 신속하게 공유할 수 있도록 제공되는 메일링 서비스. 도서관인을 위한 정보공유를 목적으로 메일링 서비스를 실시한 도메리는 그동안 불안정한 서비스 환경으로 빈번한 불편을 초래하던바, 회원들의 십시일반 성금모금(2005. 8. 22~9. 23)과 유관업체 도움으로 재개발을 추진하여 2007년 1월 8일 더 나은 서비스 환경 구축과 기능으로 재오픈하였다. 도서관 관련 회원이 수시로 정보와 의견을 교환하던 소통의 장이었지만 안타깝게도 2022년 12월 15일 자로 문을 닫게 되었다. 다행히도 뜻있는 사서 한 분이 다시 힘을 내어 도메리 Reboot를 운영하고 있다. 도메리 Reboot는 도메리의 서비스 종료에 따라 도서관인들의 정보교류 촉진 및 각종 유관기관·협회·단체 등의 소식을 신속히 전달함을 목적으로 개설한 카페 기반의 커뮤니티이다.

4 한국도서관사연구회에는 페이스북을 통해서 접속할 수 있다.(https://

www.facebook.com/korealibraryhistory)

5 '책읽는사회(책읽는사회만들기국민운동/책읽는사회문화재단)'에서 지원
   하는 것으로, 더 많은 사람이 독서동아리에 참여하고, 함께 책 읽기의 즐거
   움을 발견할 수 있기를 바라며, 생활공간을 기반으로 하는 독서동아리를
   응원하기 위한 사업이다.

6 송승섭(2019). 『한국도서관사』 서울 : 한국도서관협회.

7 부산시교육위원회(단기4292[1959]). 『부산교육지』 부산 : 부산시교육위
   원회.

8 金鍾文 編著(1969). 『釜山市立圖書館略史』 부산 : 釜山市立圖書館.

1장 개항기 전후 부산의 시대 상황

1 金敬泰(1973). 「丙子開港과 不平等條約關係의 構造」. 이화여자대학교 사
   학회. 『梨大史苑』 Vol.11. 15쪽.

2 김용욱(1966). 「부산개항에 비교사적 의의-일본 단독조계를 중심으로 하
   여」. 『항도부산』 제5호. 283쪽.

3 강대민(1992). 「개항 이후 부산과 일본-일본조계 설치를 중심으로」. 『항도
   부산』 제9호. 139쪽.

4 이금도, 서치상(2006). 「1936년에 완공된 釜山府廳舍의 입지와 건축적 특
   징에 관한 연구」. 『대한건축학회지회연합회 학술발표대회논문집』 Vol.2
   No.1. 206쪽.

5 김동철(2004). 「부산의 일본 관련 문화유적과 활용방안」. 한국민족문화연
   구소. 『한국민족문화』 23집. 2쪽.

6 초량 왜관 문화와 일상(草梁倭館文化-日常)-부산역사문화대전 참조.

7 약조제찰비(約條製札碑)-한국민족문화대백과사전 참조.

8 김동철(2006).「왜관-조선은 왜 일본사람들을 가두었을까?」. 한일관계사 학회.『韓日關係史研究』24집. 344쪽.

9 김유경(2018).「일제강점기 부산발행 일본어신문에 대하여-『조선시보』를 중심으로」.『항도부산』제35권. 386쪽.

10 아다치 겐조(安達謙藏)는 명성황후 시해 사건의 실행 멤버로 1894년 부산 에서『조선시보』를 발간하자마자 서울로 올라가 1895년 2월『한성신보』 를 발간하였다. 을미사변 이후인 1902년에는 제국당으로 출마해 중의원 의원이 된 뒤 줄곧 당선돼 14선 의원이 되었고, 1925년 가토 내각에서는 체신상(遞信相), 뒤에 내상(內相)도 역임하였다. 1932년엔 국민동맹회를 결성해 총재가 되기도 하였다. 한편『한성신보』는 일본 외무성의 자금으로 운영되던 일본 공사관의 기관지로, 명성황후 시해범 중 상당수가 당시 이 신문사의 기자이거나 신문사에서 숙박하고 있었으며 1906년 7월 총독부 기관지인『경성일보(京城日報)』에 통합되었다.

11 김유경. 앞의 글. 389-390쪽.

12 김유경. 앞의 글. 387-389쪽.

13 부산일보-나무위키

14 김경희 외. 위의 책, 470쪽.

15 『釜山港勢一班』(1905). 220쪽;『釜山敎育五十年史』(1927). 44쪽; 일본홍 도회 한국지회(日本弘道會韓國支會)-부산역사문화대전

16 황백현(2010).「對馬島의 韓語學習에 관한 硏究」. 동의대학교 일어일문학 과 박사학위논문. 90-91쪽.

2장 1903년의 부산도서관에서 2020년의 부산도서관

1 윤희윤(2023).「한국의 도서관 명칭 수용 및 쟁점 연구: 일본홍도회 부산

포지회 도서실을 중심으로」.『한국도서관·정보학회지』제54권 제1호. 12-13쪽.

2 古垣光一(2005).「日本弘道会釜山浦支会の教育·文化活動」.『アジア教育史研究』14. 1쪽.

3 相澤仁助編(明治38[1905]).『釜山港勢一斑: 韓國釜山港勢一斑ヲ見ヨ』. 釜山: 日韓昌文社. 221쪽.

4 김영석, 이용재(2018).「우리나라 최초의 근대 공공도서관 규명에 관한 연구」.『한국도서관정보학회지』제49권 제2호. 134쪽.

5 일본홍도회 잡지는「弘道会雜誌」(1887. 11~1889. 7),「日本弘道会叢記」(1899. 10~1892. 3),「日本弘道叢記」(1892. 3~1903. 6),「弘道」(1903. 7~현재)로 개칭되어 왔다.

6 윤희윤(2023). 위의 글. 14쪽.

7 古垣光一(2005).「日本弘道会釜山浦支会の教育·文化活動」.『アジア教育史研究』14. 1쪽; 윤희윤(2023). 위의 글. 16쪽 재인용.

8 東亞日報社(1976).「開港100年年表·資料集: 新東亞 1976年 1月號 別冊附錄」. 釜山: 東亞日報社. 111쪽.

9 김포옥(1978).「日政下 韓國公共圖書館研究」. 성균관대학교 문헌정보학과 석사학위논문. 45쪽.

10 위의 글. 136-137쪽.

11 위의 글. 146쪽.

12 송승섭(2019).『한국도서관사』. 서울: 한국도서관협회. 212쪽.

13 위의 책. 225쪽.

14 윤희윤(2023). 위의 글. 20쪽.

15 釜山商業會議所(1912).『釜山要覽』. 釜山: 釜山商業會議所. 63쪽.

16 釜山甲寅會(大正5年[1916]).『日鮮通交史』1-2. 釜山: 부산갑인회. 178쪽.

17 松原孝俊(2002).「臺灣·朝鮮·滿洲に設立された日本植民地期 各種圖書

館所藏日本古典籍の書誌的硏究」.『釜山市立圖書館略史(1901~1938年を中心に)』. 九州大學大學院言語文化硏究院. 146쪽.

18 相澤仁助編(明治38[1905]).『釜山港勢一斑: 韓國釜山港勢一斑ヲ見ヨ』. 釜山: 日韓昌文社. 220쪽.

19 釜山府 編(大正10-昭和7[1921-1932]).『釜山府勢要覽』. 釜山: 釜山府. 45쪽.

20 金鍾文 編著(1969).『釜山市立圖書館略史』. 釜山: 釜山市立圖書館. 10쪽.

21 松原孝俊(2002).「臺灣·朝鮮·滿洲に設立された日本植民地期各種圖書館所藏日本古典籍の書誌的硏究」.『釜山市立圖書館略史(1901~1938年を中心に)』. 九州大學大學院言語文化硏究院. 150쪽.

22 釜山府 釜山敎育會 編(昭和2[1927]).『釜山敎育五十年史』. 釜山: 釜山府 釜山敎育會. 28쪽.

23 부산시교육위원회(단기 4292).『부산교육지』. 부산: 부산시교육위원회. 126쪽.

24 釜山府 釜山敎育會 編(昭和2[1927]).『釜山敎育五十年史』. 釜山: 釜山府 釜山敎育會. 34쪽.

25 동아일보. 1937년 8월 15일 조간 4면 10단.

26 동아일보. 1938년 8월 11일 석간 7면 9단.

27 金鍾文 編著(1969).『釜山市立圖書館略史』. 부산: 釜山市立圖書館. 34쪽.

28 韓國圖書館協會三十年史編纂委員會 編(1977).『韓國圖書館協會 三十年史』. 서울: 韓國圖書館協會. 42-47쪽.

3장 부산시립도서관에서 부산광역시립 부전도서관으로

1 金鍾文 編著(1969).『釜山市立圖書館略史』. 부산 : 釜山市立圖書館. 50쪽.

2 부산시교육위원회(단기4292[1959]). 『부산교육지』. 부산 : 부산시교육위원회. 51쪽.

3 환은 1962년 화폐개혁 이전에 사용하던 화폐단위이다. 우리나라에서 화폐개혁은 1905년, 1950년, 1953년, 1962년 4차례에 걸쳐 실시되었는데 1962년의 화폐개혁에서 정부는 1962년 6월 10일 긴급통화조치와 긴급금융조치를 단행하였다. 긴급통화조치에서는 환(圜) 표시의 화폐를 원(圓) 표시로 변경(10환→1원)하고 환의 유통과 거래를 금지하였다.(출처: 화폐개혁 貨幣改革-한국민족문화대백과사전)

4 金鍾文 編著(1969). 54쪽.

5 김경희, 강동진, 최윤식, 이종민, 박리디아, 정다원, 김태완, 김명준(2023). 『부산의 도서관 공간지도』 : 부산. (재)부산연구원 부산학연구센터. 135쪽.

6 과거관측-일별자료-기상청 날씨누리(weather.go.kr)

7 金鍾文 編著(1969). 54쪽.

8 金鍾文 編著(1969). 59쪽.

9 김영기(1999). 「부산지역 공공도서관 장서형성의 사회사: 한국사회 지식흐름의 문제와 관련하여」. 부산대학교 문헌정보학과 박사학위논문. 93쪽.

10 위의 글. 94쪽.

11 김경희, 강동진, 최윤식, 이종민, 박리디아, 정다원, 김태완, 김명준(2023). 『부산의 도서관 공간지도』 : 부산. (재)부산연구원 부산학연구센터. 136쪽.

12 김영기. 위의 글. 95쪽.

13 P 전 부산시립도서관 사서과장과의 인터뷰. 1997. 12. 31. 09:40 ~ 12:30. 선생 자택(부산 수영구 소재); 김영기. 위의 글. 95쪽 재인용.

14 K2 관장과의 인터뷰. 1998. 5. 14. 15:00 ~ 17:20. P 도서관 관장실; 김영기. 위의 글. 96쪽 재인용.

15 K1 관장과의 인터뷰. 1997. 11. 21. 13:00 ~ 14:30. H 도서관 관장실; 김영기. 위의 글. 96쪽 재인용.

16 K 전 부산시립도서관 열람과장과의 인터뷰. 1997. 11. 26. 11:00 ~ 14:00.
    선생 자택(부산 남구 소재); 김영기. 위의 글. 96쪽 재인용.

17 K 전 부산시립도서관 열람과장과의 인터뷰. 1997. 11. 26. 11:00 ~ 14:00.
    선생 자택(부산 남구 소재); 김영기. 위의 글. 97쪽 재인용.

18 K 전 부산시립도서관 열람과장과의 인터뷰. 1997. 11. 26. 11:00 ~ 14:00.
    선생 자택(부산 남구 소재); 김영기. 위의 글. 97쪽 재인용.

19 김영기(1999). 「부산지역 공공도서관 장서형성의 사회사: 한국사회 지식
    흐름의 문제와 관련하여」. 부산대학교 문헌정보학과 박사학위논문. 98쪽.

20 P 전 부산시립도서관 사서과장과의 인터뷰. 1997. 12. 31. 09:40 ~ 12:30.
    선생 자택(부산 수영구 소재); 김영기. 위의 글. 98쪽 재인용.

21 김영기. 위의 글. 99쪽.

22 K2 관장과의 인터뷰. 1998. 5. 14. 15:00 ~ 17:20. P 도서관 관장실; 김영기.
    위의 글. 99쪽 재인용.

23 총괄계획가란 도시개발·정비사업, 공공시설사업 등 특정 사업에 대하여
    기획 단계부터 설계·시공 및 유지·관리 단계에 이르는 사업 전 과정에 걸
    쳐 일관성을 유지할 수 있도록 총괄 조정하고 관리하는 전문가를 말한다.
    총괄계획가의 역할은 공간 효율성을 최대한 반영한 공간 배치, 건물과 어
    울리는 가구 및 사인물 등 각종 비품과 공간 구성 전 과정을 감독·조정하
    는 것이다.

24 "부전도서관 '45년 만의 대변신'". 부산일보. 2009. 1. 11.

25 BTO(Build-Transfer-Operation) 방식: 민자유치사업으로 사회간접시설
    을 민간 자본이 주도해 건립한 뒤 약정기간 동안 시설물을 운영하며 투자
    금을 회수해 가는 투자 방식으로 부산진구에서 부지를 제공하고 민간사업
    자가 전액 부담해 시설을 건립해 구에 기부 채납한 뒤 건물의 운영·관리
    권을 20년간 부여받는 방식을 말한다.

26 부산진구의회 회의록(https://council.busanjin.go.kr/minutes/content/

pop_burok.php?ntime=183&contype=1&subtype=0&num=1)

27 부산진구의회 회의록(https://council.busanjin.go.kr/minutes/content/
pop_burok.php?ntime=187&contype=2&subtype=2&num=2)

28 "부전도서관 개발 사업 3년 만에 중단". 부산일보. 2011. 1. 17.

29 부산진구의회 회의록(https://council.busanjin.go.kr/minutes/content/
pop_burok.php?ntime=203&contype=2&subtype=3&num=1)

30 토지e음 고시정보(https://www.eum.go.kr/web/gs/gv/gvGosiDet.
jsp?seq=254295)

31 "부산진구, 시립부전도서관 개발사업 첫 발". 뉴시스. 2012. 1. 12.

32 "부전도서관, 쇼핑몰과 이상한 동거". 국제신문. 2012. 4. 30.

33 "[사설] 부전도서관 민자사업 재건축 재검토 필요하다". 국제신문. 2012.
11. 19.

34 "부전도서관 반세기만의 변신". 부산일보. 2012. 11. 30.

35 "부전도서관 신축, 부산의 새로운 랜드마크로". 부산불교방송. 2012. 12.
21.

36 "부전도서관 공상복합형으로 변신시도… 민자로 2015년 준공 예정". 국제
신문. 2013. 1. 17.

37 "부전도서관 개발 시의회서 1년째 표류". 연합뉴스. 2013. 11. 21.

38 "[기고] 시민 추억 간직한 부전도서관 살리자". 부산일보. 2013. 12. 16.

39 "아, 부전도서관이여…". 부산일보. 2014. 3. 5.

40 "상업시설 공존 부전도서관 개발반대 '독서시위'". 연합뉴스. 2014. 3. 6.

41 수전 올리언(2019). 박우정 옮김. 『도서관의 삶, 책들의 운명』. 파주 : 글항
아리. 290쪽.

42 "국내 최초 도서관 허물고 상업시설이 웬 말". 오마이뉴스. 2014. 1. 8.

43 "상업시설 공존 부전도서관 개발반대 '독서시위'". 연합뉴스. 2014. 3 .6.

44 "[부산]시립부전도서관 상업시설이 포함된 도서관으로 개발 반대한다". 참

여연대(peoplepower21.org). 2014. 3. 7.

45 "부전도서관, 상업시설 없이 공공개발". 부산시보. 2018. 8. 22.

46 "부전도서관, '공공 개발' 불씨 되살린다". 부산일보. 2021. 4. 20.

47 "'부전도서관 어떻게 할 것인가?' 시민에게 듣는다". 부산시 보도자료. 2021. 10. 5.

48 "부전도서관 공공개발방안 시민과 함께 만든다!". 부산시 보도자료. 2021. 12. 2.

49 교육연합신문. 2022. 09. 23.

50 "부산시교육청, 서면으로 옮긴다… 놀이마루 부지에 청사 신축 추진". 부산일보. 2022. 9. 23.

51 설문조사: 부산민원120(busan.go.kr)

52 "부산시교육청 신청사 후보지 시청 뒤·서면 압축". 부산일보. 2023. 6. 27.

종장 한국도서관사연구회의 부전도서관 탐방기

1 근현대 부산의 역사 풍경과 부전도서관의 발자취(https://www.youtube.com/watch?v=VN_dkQUqXxI&t=148s), [독서기행] 부전도서관의 발자취(https://www.youtube.com/watch?v=8xoKNljQ_zU&t=711s)

부록

1 相澤仁助編(明治38[1905]). 『釜山港勢一斑: 韓國釜山港勢一斑ヲ見ヨ』. 釜山: 日韓昌文社.

2 相澤仁助編(明治38[1905]). 『釜山港勢一斑: 韓國釜山港勢一斑ヲ見ヨ』. 釜

　　　山: 日韓昌文社. 220쪽.

3　釜山商業會議所(1912).『釜山要覽』. 釜山 : 釜山商業會議所.

4　위의 책. 60-61쪽.

5　비보(裨補)란 풍수 전통에서 자연과 인간이 이루는 유기적 통합생명의 상
　　호조절원리로, 과유불급을 강조하는 중용의 원리다. 지나친 것은 오히려
　　부족한 것만 못하다는 '과유불급(過猶不及)'이라는 한국인의 삶을 지배해
　　온 주요한 생활원리와 상통하고 있다.

6　위의 책. 63쪽.

7　釜山甲寅會(大正 5年[1916]).『日鮮通交史』1-2. 釜山 : 부산갑인회.

8　위의 책. 177-178쪽.

9　위의 책. 178쪽.

10　釜山府 編(大正10-昭和7[1921-1932]).『釜山府勢要覽』. 釜山: 釜山府.

11　釜山府 編(大正11年[1922]).『釜山府勢要覽』. 釜山 : 釜山府, 43쪽.

12　釜山府 編(大正12年[1923]).『釜山府勢要覽』. 釜山 : 釜山府. 35-36쪽.

13　釜山府 編(大正13年[1924]).『釜山府勢要覽』. 釜山 : 釜山府. 38쪽.

14　釜山府 編(昭和2年[1927]).『釜山府勢要覽』. 釜山 : 釜山府. 44쪽.

15　釜山府 編(昭和5年[1930]).『釜山府勢要覽』. 釜山 : 釜山府. 44-45쪽.

16　釜山府 編(昭和9年[1934]).『釜山府勢要覽』. 釜山 : 釜山府. 50쪽.

17　釜山府 編(昭和11年[1936]).『釜山府勢要覽』. 釜山 : 釜山府. 43-44쪽.

18　大曲重義(大正15년[1926]).『釜山大觀』. 부산: 釜山出版協會.

19　釜山府 釜山敎育會 編(昭和2年[1927]).『釜山敎育五十年史』. 釜山 : 釜山
　　府 釜山敎育會.

20　위의 책. 28-29쪽.

21　위의 책. 30쪽.

22　위의 책. 33-35쪽.

23　釜山敎育會(昭和8년[1933]).『釜山敎育』第1卷. 부산 : 釜山敎育會

24 위의 책. 166-169쪽.

25 위의 책. 會誌創刊に際して(회지 창간에 즈음하여).

26 朝鮮圖書館硏究會 編[昭和9(1934)년].『朝鮮之圖書館』. 京城：大阪屋號書店.

27 위의 책 제4권 제2호. 39쪽.

28 松原孝俊(2002).『釜山市立圖書館略史(1901年~1938年 を中心に)』.「臺灣·朝鮮·滿洲に設立された日本植民地期各種圖書館所藏日本古典籍の書誌的硏究」. 九州大學大學院言語文化硏究院. 143-169쪽.

참고문헌

강대민(1992).「개항 이후 부산과 일본-일본조계 설치를 중심으로」.『항도부
산』제9호. 139쪽.

김갑득(1987).「釜山 日本專管居留地의 建築에 관한 硏究」. 부산대 석사학위
논문. 1987.

김경희(2021).「근대 부산 교육과 도서관-개성학교와 일본홍도회부산지회 문
고를 중심으로」.『항도부산』제42호. 443-480쪽.

김경희(2016).「공공도서관 평생학습프로그램 협업에 대한 인식도 분석: 부산
지역 협업주체를 중심으로」. 대구대학교 문헌정보학과 석사학위논문.

김남석(2018).『일제치하 도서관과 사회교육』. 대구 : 태일사.

김대상(1967).「개항 직후 부산의 사회문화」.『항도부산』제6호.

김동철(2003).「부산의 일본 관련 문화유적과 활용방안」. 한국민족문화연구
소.『한국민족문화』23집. 1-18쪽.

김동철(2006).「왜관-조선은 왜 일본사람들을 가두었을까?」. 한일관계사학회.
『韓日關係史硏究』24집. 339-351쪽.

김성태(2020).「경성 문화시설의 입지적 특성과 사회적 기능에 관한 연구」. 서
울대학교 대학원 협동과정 도시설계학 전공 박사학위논문.

김성태, 권영상(2020).「일제 식민지기 근대문화시설로서 경성(京城) 극(劇)공
간의 입지적 특성과 사회적 기능 연구」.『한국도시설계학회지』제21권 제4
호. 5-24쪽.

김영기(1999).「부산지역 공공도서관 장서형성의 사회사: 한국사회 지식흐름
의 문제와 관련하여」. 부산대학교 문헌정보학과 박사학위논문.

김영분(2012). 「近代期 都市釜山의 市街地計劃과 建築計劃에 관한 考察: 日本 專管居留地 일대 市街地計劃과 建築計劃의 일관성을 중심으로」. 동아대학 교 건축학과 석사논문.

김영분(2015). 「일제강점기 사회적 제도 변화에 의한 부산지역 주요 공공시설 의 건축계획」. 동아대학교 건축학과 석사논문.

김영석, 이용재(2018). 「우리나라 최초의 근대 공공도서관 규명에 관한 연구」. 『한국도서관정보학회지』 제49권 제2호. 131-150쪽.

김용욱(1966). 「부산개항에 비교사적 의의-일본 단독조계를 중심으로 하여」. 『항도부산』 제5호. 283쪽.

김유경(2018). 「일제강점기 부산발행 일본어신문에 대하여-『조선시보』를 중 심으로」. 『항도부산』 제35권. 386쪽.

金鍾文 編著(1969). 『釜山市立圖書館略史』. 부산 : 釜山市立圖書館.

김지인(2015). 「개항이후 부산의 일본인전관거류지 지형 변화에 관한 연구」. 부산대학교 건축학과 석사학위논문.(1~3)

김포옥(1978). 「日政下 韓國公共圖書館研究」. 성균관대학교 문헌정보학과 석 사학위논문.

김포옥(1979). 「日帝下의 公共圖書館에 관한 研究」. 『도서관학』 제6집. 137-172쪽.

김현지(2015). 「용두산공원의 변천과정과 의미 해석」. 서울대학교 환경대학원 환경조경학과 석사학위논문.

도영주, 윤일주(1963). 「1910년 이전의 부산의 양풍건축」. 『항도부산』 제3호.

박재용(2012). 「부산시 공공도서관의 운영현황 및 발전방향에 관한 연구」. 『한 국도서관·정보학회지』 제43권 제4호. 69-88쪽.

부산광역시립시민도서관 편(2000). 『釜山市立公共圖書館略史: '70-'80 年代』. 부산 : 부산광역시립시민도서관.

釜山府 釜山教育會 編. 리진호 옮김(2009). 『釜山教育五十年史』. 제친 : 지적박

물관 출판부.

부산시교육위원회(단기4292[1959]).『부산교육지』. 부산 : 부산시교육위원회.

부산시민도서관100년사 편찬위원회 편저(2002).『釜山市民圖書館100年史: 1901~2001』. 부산 : 부산광역시립시민도서관.

부산시사편찬위원회(1967).「개항직후의 무역상업계 사료초」.『항도부산』제 6호.

부산시사편찬위원회(1967). 부록사진.『항도부산』제6호.

부산시사편찬위원회(1968).『부산약사』.

부산의 도서관사 편찬위원회 편(2003).『부산의 도서관사』. 부산 : 韓國圖書館 協會 釜山地區協議會.

부학주, 김창동(2006).「초량왜관 건축과 역사적 경관 재현 연구」.『건축역사 연구』제15권 제3호. 81-98쪽.

송승섭(2019).『한국도서관사』. 서울 : 한국도서관협회.

宋惠永(2002).「釜山日本傳管居留地의 形成과 變化에서 나타난 建築的 特性 에 관한 연구」. 韓國海洋大學校 大學院 建築工學科 석사학위논문.

송혜영(2020).「부산부청(釜山府廳)의 건축과정과 변용특성」.『건축역사연구』 제29권 제5호(통권 132호). 7-16쪽.

신지원, 김영분, 김기수(2012).「근대기 부산일본전관거류지 일대의 도시 공간 변화에 대한 고찰」. 대한건축학회 지회연합회 학술발표대회논문집 통권 제8집. 283-286쪽.

유진식(2002).「한국의 근대법(가상현실) 수용의 단면(斷面)-근대법의 수용과 식민지시대의 법」. 69-96쪽.

윤상인(2013).「공공도서관의 면적구성비 변화요인에 관한 연구」. 동의대학교 건축학과 석사학위논문.

윤희윤(2023).「한국의 도서관명칭 수용 및 쟁점 연구: 일본홍도회 부산포지회 도서실을 중심으로」.『한국도서관 · 정보학회지』제54권 제1호. 1-23쪽.

이금도, 서치상(2006). 「1936년에 완공된 釜山府廳舍의 입지와 건축적 특징에 관한 연구」. 『대한 건축학회지회연합회 학술발표대회논문집』 제2권 제1호. 201-206쪽.

이송희(2005). 「일제하 부산지역 일본인사회의 교육(1)」. 『한일관계사연구』 23 권. 203-251쪽.

장덕현(2019). 「부산지역 공공도서관의 현황과 과제」. 『로컬리티 인문학』 22 권. 151-190쪽.

조정민, 양흥숙(2012). 「복원과 개발로 만들어지는 부산의 문화지형」. 『코기 토』 72호. 369-405쪽.

최해군(2000). 『부산에 살으리랏다』. 부산을 가꾸는 모임. 203쪽.

황백현(2010). 「對馬島의 韓語學習에 관한 硏究」. 동의대학교 일어일문학과 박사학위논문.

古垣光一(2005). 「日本弘道会釜山浦支会の教育・文化活動」. 『アジア教育史研 究』 14. 1-25.

釜山甲寅會(大正5[1916]). 『日鮮通交史』. 釜山: 釜山甲寅會.

釜山府 釜山教育會 編(昭和2年[1927]). 『釜山教育五十年史』. 釜山 : 釜山府 釜山教育會.

釜山府 編(大正10-昭和7[1921-1932]). 『釜山府勢要覽』. 釜山 : 釜山府.

相澤仁助編(明治38[1905]). 『釜山港勢一斑: 韓國釜山港勢一斑ヲ見ヨ』. 釜山: 日韓昌文社. 260쪽.

松原孝俊(2002). 「臺灣・朝鮮・滿洲に設立された日本植民地期各種圖書館所 藏日本古典籍の書誌的研究」. 『釜山市立圖書館略史(1901年~1938年 を中 心に)』. 九州大學大學院言語文化研究院. 143-169쪽.

松原孝俊(平成14[2002]). 「臺灣・朝鮮・滿洲に設立された日本植民地期 各種 圖書館所藏日本古典籍の書誌的研究(研究課題番號;12551007-00)」. 福岡

: 九州大學大學院言語文化研究院. 143-169쪽.

宇治郷 毅(1985).「近代韓国公共図書館史の研究: 開化期から1920年代まで」. 参考書誌研究 30. 1-22쪽.

宇治郷 毅(1988).「近代韓国図書館史の研究: 植民地期を中心に」. 参考書誌研究 34. 1-27쪽.

日本弘道会(1897a).「日本弘道叢記」63. 2쪽.

日本弘道会(1897b).「日本弘道叢記」64. 45-46쪽.

日本弘道会(1897c).「日本弘道叢記」68. 74쪽.

日本弘道会(1901).「日本弘道叢記」113. 64쪽.

日本弘道会(1902). '韓国釜山在弘道図書室の新設'.「日本弘道叢記」119. 52-53쪽.

日本弘道会(1904). '釜山図書館の設立'.「弘道」145. 35-36쪽.

日本弘道会(1912).「弘道」247. 111쪽.

日本弘道会(1914).「弘道」263. 116쪽.

朝鮮總督府, 釜山教育會 編(昭和2年[1927]).『朝鮮教育要覽; 釜山教育五十年史』. 釜山府 釜山教育會 발행. 33-35쪽.

足立四郎吉(明治39[1906]).『日本弘道會要覽』. 東京: 日本弘道會.

우리가 사랑한 부전도서관

초판 1쇄 발행 2024년 8월 20일

지은이 이양숙
펴낸이 권경옥
펴낸곳 해피북미디어
등록 2009년 9월 25일 제2017-000001호
주소 부산광역시 동래구 우장춘로68번길 22
전화 051-555-9684 | 팩스 051-507-7543
전자우편 bookskko@gmail.com

ISBN 978-89-98079-91-8 03020

＊책값은 뒤표지에 있습니다.
＊잘못된 책은 구입하신 곳에서 교환해드립니다.
＊본 출판물은 〈2024 우수 출판콘텐츠 제작지원〉의 일환으로
부산광역시와 부산정보산업진흥원의 지원을 통해 제작되었습니다.

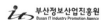